『十三五』国家重点出版物
『大国三农』系列丛书

打赢脱贫攻坚战

——书写人类消除贫困的奇迹

徐志刚 等◎编著

U0806249

中国农业出版社
北 京

图书在版编目（CIP）数据

打赢脱贫攻坚战 ： 书写人类消除贫困的奇迹 / 徐志刚等编著. — 北京 ： 中国农业出版社， 2019.10
（“大国三农”系列丛书）
“十三五”国家重点出版物
ISBN 978-7-109-26021-4

Ⅰ. ①打… Ⅱ. ①徐… Ⅲ. ①扶贫－研究－中国 Ⅳ. ①F126

中国版本图书馆CIP数据核字（2019）第218283号

打赢脱贫攻坚战——书写人类消除贫困的奇迹
DAYING TUOPIN GONGJIANZHAN—SHUXIE RENLEI XIAOCHU PINKUN DE QIJI

中国农业出版社出版
地址：北京市朝阳区麦子店街 18 号楼
邮编：100125
责任编辑：武旭峰　徐芳　　　　责任校对：周丽芳
文字编辑：干锦春
版式设计：北京八度出版服务机构
印刷：北京通州皇家印刷厂
版次：2019 年 10 月第 1 版
印次：2019 年 10 月北京第 1 次印刷
发行：新华书店北京发行所
开本：700mm×1000mm　1/16
印张：11.25
字数：159 千字
定价：52.00 元

版权所有・侵权必究

凡购买本社图书，如有印装质量问题，我社负责调换。
服务电话：010-59195115　010-59194918

序

FOREWORD

信凯同志托我为他担任总主编的"'大国三农'系列丛书"作序，翻阅书稿后，欣然提笔，因为这套丛书从立意到内容都打动了我。

大国三农，这个丛书名字气势磅礴，说明策划编写立意高远。"农者，天下之本也。"重农固本是安民之基、治国之要。"三农"问题不仅事关人民群众的切身利益，同时也关系到社会的安定和整个国民经济的发展。正如习近平总书记指出："我国13亿多张嘴要吃饭，不吃饭就不能生存，悠悠万事，吃饭为大。"他还强调："我国是个人口众多的大国，解决好吃饭问题始终是治国理政的头等大事。"

新中国成立70年，尤其是改革开放以来，我国的"三农"事业发展取得了举世瞩目的成就。全国粮食总产量接连跨上新台阶，特别是近五年来，我国粮食连年丰收，产量已稳定在1.2万亿斤以上，解决了13亿人的温饱问题；肉类人均占有量已超过世界平均水平，禽蛋达到了发达国家水平，"吃肉等过节"已经成为历史；农村贫困人口持续减少，2018年贫困发生率下降到了1.7%；农业现代化水平大幅提高，农业科技进步贡献率达到56.65%，靠天吃饭逐渐成为历史……

但是，我们也应该清晰地看到，我国农业的基础仍然比较脆弱，正如习近平总书记强调："一定要看到，农业还是'四化同步'的短腿，农村还是全面建成小康社会的短板。"在大国小农的背景下，如何让农业成为有奔头的产业，让农民成为有吸引力的职业，让农村成为安居乐业的美丽家园，这套丛书给出了清晰的答案：乡村振兴战略为农业农村的未来发展描绘了宏伟而美好的蓝图；把饭碗牢牢端在自己手上，保障国家粮食安全；加强从田间到餐桌的风险治理，确保舌尖上的安全；培育壮大新型农业经营主体，解决未来谁种地的问题；建设美丽乡村，改善农村人居环境；给农业插上科技的翅膀，用科技创新驱动农业现代化；培育新产业、新业态与新机制，为农业农村发展提供新动能。

以信凯同志为首的丛书作者都是高等院校的中青年专家，有着丰富的研究功底和实践经验，对丛书内容的把握深浅得当，既有较强的理论性，也有丰富的实践性；表达叙述做到了用浅显易懂的语言把复杂问题讲清楚；图说、数说、声音、案例等多种多样的辅助性材料使得内容鲜活生动，避免了枯燥的说教。整套丛书对我国农业农村的整体情况进行了全景式展现，尤其是对党的十八大以来农业农村发展的新成就进行了总结，对"三农"事业的未来发展做出了前瞻性展望。

毫不夸张地说，现在的农业早已不是过去的样子了，从事农业工作再也不是"面朝黄土背朝天"了，农业是最有发展前景的行业，未来的发展方向是机械化、信息化、智能化，甚至要艺术化。现在的年轻人，尤其是学习农业专业的青年学生们，一定要了解我国农业农村的现状和未来，树立自信，从事农业不仅大有可为，而且是大有作为；一定要打心底里懂农业、爱农业，志存高远，为国家和社会的发展和进步奋斗，这样的人生才有意义。

民以食为天，食以稻为主。从而立至耄耋，我为水稻育种事业和人类温饱问题奋斗了几十年，无怨无悔，矢志不渝。我有两个梦：一个是禾下乘凉梦，梦想试验田里的超级杂交稻长得有高粱那么高、稻穗有扫把那么长、谷粒有花生米那么大，我坐在禾下悠闲地纳凉；另一个是杂交稻覆盖全球梦，希望全世界不再有饥荒，人类不用再忍受饥饿。

我始终坚信，在党和国家的高度重视和坚强领导下，充分发挥社会主义制度优势，不断激发“三农”工作者的积极性、创造性和主动性，通过汇集全社会的磅礴力量，农业强、农村美、农民富的壮美图景必将早日实现。

实现“中国梦”，基础在“三农”。

谨以为序。

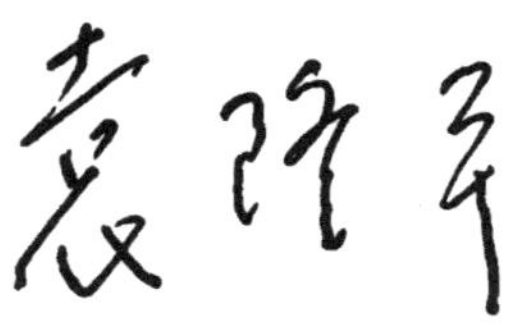

2019年5月

前言

PREFACE

贫困是制约人类发展和社会进步的首要桎梏，摆脱贫困是全人类的共同愿景。久困于穷，冀以小康，同样是中华民族千百年来追求的梦想。自改革开放以来，中国反贫困斗争取得的成就举世瞩目，为世界减贫事业贡献了卓绝智慧。因此，全面、系统地总结中国的反贫经验具有深刻的理论价值与现实意义。

囿于个人专长和智识，自承接本书编撰任务以来，本人一直惴惴不安，深恐自己难以对中国的反贫成就与经验给出深刻全面和恰如其分的总结，不能很好弘扬中国发展经验，贻笑大方。历经半年多的资料调研、反复研讨、伏案编著，又经过专家评审，几易其稿，本书终于得以完成并呈现给读者。虽然本人与团队自始至终倾尽全力，书稿完成的喜悦仍难掩战战兢兢之情。

本书在编著过程中，学习和参考了众多文献，从中得到了许多感悟，汲取了大量智慧菁华，在此特向各位专家、学者表示崇高的谢意和敬意。同时，由衷感谢不辞辛苦地为本书提供专业、详实的审稿意见和建设性建议的各位外审专家，他们的意见和建议促使本书不断完善。

一部作品的完成离不开团队每位成员的辛勤付出与执着努力，本书的编著同样凝结了集体的智慧与汗水。本书编写工作由徐志刚教授总体负责和主持，具体参与各章编写工作的人员与分工为：第一章，刘馨月；第二章，章珂熔；第三章，周宁；第四章，刘馨月；第五章，张骏逸；第六章，李美佳；第七章，崔美龄；第八章，宁可、康晨；第九章，赵小松；第十章，谭鑫。

由于时间仓促、水平有限，书中不足之处在所难免，诚请各位专家和广大读者批评指正，特驰惠意。

编著者

2019年1月

目录

CONTENTS

7 社会参与 不可或缺——社会扶贫的协助作用

8 多措并举 形式纷呈——我国形式多样的扶贫方式

9 审度时宜 虑定而动——新阶段我国脱贫攻坚战的需求与特点

1 人类反贫　理论璀璨
——人类反贫理论与中国特色扶贫理论的创新

“水有源，故其流不穷；木有根，故其生不穷。”世界各国在对贫困产生原因进行深入研究的基础上，形成了一系列有代表性的反贫困理论和观点，这些真知灼见为人类反贫事业提供了强大的思想基础和动力源泉。探索如何消除贫困，首先要回答何为贫困、何为反贫困，以及如何测度贫困的问题；其次要理解各国如何根据自身国情与贫困状况，对已有理论进行丰富和发展，最终形成各具特色的扶贫道路。2015年11月召开的中央扶贫开发工作会议颁布的《中共中央 国务院关于打赢脱贫攻坚战的决定》指出：“创新中国特色扶贫开发理论。深刻领会习近平总书记关于新时期扶贫开发的重要战略思想，系统总结我们党和政府领导亿万人民摆脱贫困的历史经验，提炼升华精准扶贫的实践成果，不断丰富完善中国特色扶贫开发理论，为脱贫攻坚注入强大思想动力。”这些决定强调了构建中国特色扶贫开发理论体系的重要性。理解中国特色扶贫开发理论的前提是正确回答理论的特色在哪儿，它的形成与发展路径是什么，对这些问题进行回答，也就一步步探究了中国共产党带领全国各族人民打赢脱贫攻坚战的力量之源、成功之道。

1.1 何为贫困？何为反贫困？

《贫困与饥荒——论权利与剥夺》一书这样讲述贫困：“并非所有关于贫困

的事情都是如此简单明了。”贫困的随处可见使人们产生一种错觉：贫困是一个简单的现象。实际上，当试图深入理解贫困，尤其是把贫困现象与造成贫困的原因联系起来时，就会发现，贫困的内涵其实非常复杂。

贫困最初是从经济层面来定义的，着眼于物质匮乏，即由于家庭所拥有的收入不足以维持对食品、住房、衣着等生活必需品的需要，由此处于一种贫困状态。后期人们对匮乏进行了扩展，将社会服务、精神文化和情感等各个方面的匮乏纳入贫困的考察范畴。马克思从生产资料贫困、生活条件贫困及精神贫困等多个角度阐述了无产阶级贫困的表现以及贫因产生的根源。世界银行综合了诸多学者的观点，在《1981年世界发展报告》中对贫困给出了如下定义：“当某些群体、家庭或者个人没有足够的资源去获取其所处社会公认的，一般都能享受到的饮食、生活条件和参加某些活动的机会时，就处于贫困状态。”

声音

亚当·斯密对贫富的定义

经济学之父、英国亚当·斯密（1776）在《国富论》中写道：一个人是富还是穷，依照他所能享受的生活必需品、便利品和娱乐品的多少和品质而定。

阿马蒂亚·森因对贫困问题的卓越研究而闻名于世，他的贫困理论不同于传统的福利经济学和基于收入的方法，而是把贫困现象与致贫的原因联系到一起，首次提出了能力贫困的概念。根据森的理论，贫困不仅仅是收入的低下，更是能力遭到剥夺，表现为过早死亡、严重的营养不良、长期流行疾病、大量的文盲以及其他一些失败。森提出的能力贫困概念，也被世界银行所接受，《1990年世界发展报告》中将贫困定义为“缺少达到最低生活水准的能力”。

能力贫困理论的提出，拓展了贫困的概念，为研究贫困提供了强有力的理论依据。

解读

能力贫困的内涵

森对贫困的定义突破了将贫困等同于低收入的狭隘界限，提出用能力来衡量贫困的新思路，拓宽了对贫困的理解。森认为：第一，贫穷是基本能力的剥夺和机会的丧失，而不仅仅是低收入；第二，能力是获得收入的重要手段，能力的提高会使个人获得更多的收入；第三，良好的教育和健康的身体不仅能直接提高生活质量，而且还能提高个人获得更多收入及摆脱贫困的能力；第四，用人们能够获得的生活和人们能够得到的自由来理解贫困和剥夺。森贫困理论的落脚点在于：通过重建个人能力来避免和消除贫困。

从社会学视角出发做进一步的探索，会发现贫困与排斥相关，即贫困是个人或社会群体遭受社会排斥导致的结果。社会排斥理论起源于20世纪70年代，20世纪90年代以来，被越来越多地引入贫困概念，其含义是指某些社会群体享受不到应该享有的权利，包括无法充分参与经济和社会生活、被排斥在公民权利和政治平等之外等。从因果关系的角度出发，贫困与社会排斥之间相互影响：一方面贫穷导致生活的匮乏，亦带来精神的压力与紧张，容易使贫穷人士自我孤立；另一方面，社会排斥又进一步使贫穷的弱势群体与主流社会越来越疏离，使其脱贫更加无望，贫穷状况不断持续。

如果再加以深究，会发现“阶层地位”对贫困和贫困群体有着重要的影响，也就是说，贫困是因为个人或群体的阶层地位处于社会底层。穷人经常被视为下层阶级，他们的生活水平明显低于大多数人口，并且面临一系列平等权利的丧失。美国学者奥斯卡·刘易斯进一步提出了“贫困文化”的概念：贫困并非是个体不适应的结果，而是贫困者在一个更大的社会与文化气氛影响下社会化的结果。穷人基本不能依靠自己的力量去利用机会摆脱贫困之命运，因为他们早已内化了那些与大社会格格不入的价值观念。

与贫困相比，对反贫困的理解要容易得多。单从定义上讲，反贫困就是指减少、缓解和消除贫困。从实施层面来讲，它是指通过提升贫困人口的能力，来达到减少贫困的社会发展政策，我国通常使用“扶贫开发”来表述。在国际上，反贫困通常有三种表述方式：其一是poverty reduction，侧重过程，主要是指减少贫困；其二是poverty alleviation，侧重程度，主要是指缓解贫困；其三是poverty eradication，侧重目的，主要是指消除贫困。

1.2 如何测度贫困？

目前世界银行衡量发展中国家贫困状况的标准主要有两个：每人每天1.9美元和每人每天3.1美元。这两个标准均以2011年作为价格基期。1.9美元标准为国际极端贫困标准，是全球15个最贫困国家贫困标准的均值；3.1美元标准是除15个最贫困国家外其他发展中国家贫困标准的中位数。贫困线的标准值会随价格基期变动而变化。以大家熟知的国际极端贫困标准“1天1美元”为例，它是以1985年为价格基期计算得到的，后来世界银行多次调整了价格基期。按1993年价格计算，这一标准数值为每人每天1.08美元；按2005年价格计算，这一标准数值为每人每天1.25美元；按2011年价格计算，这一标准数值为每人每天1.9美元。虽然实质均为“1天1美元”标准，但由于所选价格基期不同，所得标准数值也就不同。

拓展阅读

贫困标准的定义与测算

贫困的测量首先需要确定贫困标准，贫困标准也称贫困线，是指在一定的时间、空间和社会发展阶段，购买维持基本生活所必需的食物和非食物（包括服务）的费用。

贫困标准的测算一般包括两个步骤：一是确定基本食物需求。基本食物需求以每天提供8 786焦耳（2 100卡）热量为标准，以维持人的基本生命活动，按照这一标准计算的贫困线仅能解决短期内的果腹问题。二是确定非食物需求。食物消费对于维持生命活动固然重要，非食物消费也是生存所必需的，比如基本的衣着等。因此，贫困标准是基本食物需求线和非食物需求线的加总，通常而言，低贫困标准中食物支出的占比可达70%～80%甚至更高，随着贫困标准的提高，食物支出的占比会逐步下降，非食物支出的占比逐步提高。

改革开放以来，我国多次上调国家贫困标准。2008年以前我国设定两个贫困标准，即绝对贫困标准和低收入标准。1986年的绝对贫困标准为人均年纯收入206元，2007年为785元；2000年的低收入标准为人均年纯收入865元，2007年为1 067元。2008年，绝对贫困标准和低收入标准合二为一，统一将人均年纯收入1 067元作为国家贫困标准，2009年上调至1 196元，2010年随CPI（居民消费价格指数）上涨而上调至1 274元。2011年，中央决定将人均年纯收入2 300元（2010年不变价）作为新的国家贫困标准，也是我国现行的贫困标准。

1.3 国际反贫理论源远根深

数百年来，世界各国的学者们为人类减贫事业总结了丰富的经验，形成了一套博大精深的理论体系。这一体系好比一棵参天大树，扎根沃土、枝繁叶茂，仔细领悟、反复研读，能深深感受到蕴藏其中的真理力量和思想光芒。这些智慧凝结的累累硕果成为推进全球减贫事业不断向前发展的强大精神动力。

现有的经典反贫困理论大体分为三类：一是以马克思主义反贫困理论为代表，着重从资本主义私有制和资本积累的一般规律上探讨贫困的根源；二是以发展经济学为基础，强调经济增长对反贫困的重要作用，代表性理论包括罗格纳·纳克斯的贫困恶性循环理论、纳尔逊的低水平均衡陷阱理论、哈维·莱宾斯坦的临界最小努力理论、冈纳·缪尔达尔的循环积累因果关系理论等；三是侧重从能力视角界定贫困，把反贫困的重点聚焦于贫困者自身，而不是表现的收入、机会和市场等因素，以阿马蒂亚·森的观点为代表。

1.3.1 马克思主义反贫困理论

马克思主义反贫困理论主要包括三个方面：一是消除私有制、建立公有制的反贫困思想。马克思和恩格斯对无产阶级贫困问题进行了深入剖析，认为资本主义私有制的存在是贫困形成的根源。二是发展生产力的反贫困思想。马克思认为只有通过生产力的发展才能从根本上减少贫困，社会主义只有达到或超越资本主义生产力发展水平，才能最终战胜资本主义。三是全面自由发展的反贫困思想。马克思认为无产阶级最终必须要依靠自身解放，才能真正消除贫困。

1.3.2 贫困恶性循环理论

美国经济学家罗格纳·纳克斯1953年提出的贫困恶性循环理论是强调经济增长对反贫困作用的典型代表。该理论认为，发展中国家内部一系列互相联系、互相作用的恶性循环是导致贫困的根源，一旦这种恶性循环发生，发展中国家必将长期陷入贫困中，难以实现经济增长。资本缺乏是恶性循环系列的关键一环。纳克斯的贫困恶性循环理论反映了发展中国家贫困的重要特征，其理论的核心是要说明，一个国家要摆脱贫困，打破恶性循环，必须大规模增加投资，促进资本形成。

拓展阅读

贫困恶性循环的作用机制

从资本的供给角度来说，发展中国家较低的收入水平必然导致储蓄率处于较低水平，低储蓄率意味着低水平的资本形成以及低生产率，生产率的低水平导致产出的低水平，最终导致收入的低水平，由此形成恶性循环。

从资本的需求方面来看，低收入水平通常与低购买力水平对应，导致对投资的引诱不足，同样造成资本形成不足，而后同样沿着低生产率－低产出－低收入的链条传递，形成恶性循环。如此周而复始，最后直接导致经济发展受阻，使发展中国家经济长期处于停滞状态并陷入贫穷的困境之中。

1.3.3 低水平均衡陷阱理论

低水平均衡陷阱理论是美国经济学家纳尔逊1956年提出的。具体是指人均收入存在一个临界值，只要低于这一临界值，那么人口增长速度就会抵消国民收入的增长速度，导致人均收入长期处于低水平状态，形成低水平均衡陷阱；只有当人均收入大于这一临界值时，人均收入才会因国民收入增长速度超过人口增长速度而增加。因此，发展中国家要想使其经济发展冲出低水平均衡陷阱，就必须进行大规模的资本投资，使投资和产出增长速度超过人口增长速度。低水平均衡陷阱是一种没有外力干预就无法打破的均衡，因此，解决贫困问题的根本途径在于解决资本来源问题。

1.3.4 临界最小努力理论

临界最小努力理论是美国经济学家哈维·莱宾斯坦1957年提出的。该理论的出发点是“贫困陷阱”，同样强调了资本形成与积累对于发展中国家摆脱贫困的重要性。该理论认为，提高投资率是打破低收入与贫困之间恶性循环的关键，使国民收入的增长超过人口增长的投资率水平即为“临界最小努力”，只有投资水平达到了“临界最小努力”水平，才能推动发展中国家经济走出低水平均衡陷阱，实现长期而稳定的经济增长。莱宾斯坦认为，由于发展中国家收入水平较低，很难依靠内在自发的投资动力使资本积累达到可以帮助其摆脱贫困陷阱的临界最小数量。因此，在经济发展初期，政府需要采取一系列的政策措施鼓励创新与投资，同时还需创造适宜的投资盈利环境，激发群众的经济增长动机。

1.3.5 循环积累因果关系理论

循环积累因果关系理论是由冈纳·缪尔达尔提出的。该理论阐明了社会经济因素之间循环积累的因果关系。其中一个因素的变化会引起其他因素的变化，其他因素的变化又会加强前一个因素的变化，并导致社会经济朝着最初那个因素变化的方向发展，从而形成循环发展趋势。经济的循环积累会产生回流效应和扩散效应，这两种效应孰强孰弱直接决定了经济能否协调发展。对处在经济发展起飞阶段的发展中国家而言，回流效应通常大于扩散效应，这是造成

问答

什么是回流效应和扩散效应？

回流效应是指落后地区的资金、劳动力向发达地区流动，导致落后地区要素不足，发展更慢；扩散效应是指发达地区的资金和劳动力向落后地区流动，促进落后地区的发展。

区域经济难以协调发展的重要原因。这一理论对理解和解决地区经济发展不平衡问题具有重要指导作用。

1.3.6 可行能力理论

可行能力理论是诺贝尔经济学奖获得者阿马蒂亚·森提出的。该理论在解释贫困人口的形成时，突破了传统的收入贫困概念，将对贫困的考察拓展到可行能力上。能力贫困的内涵十分丰富，缺乏获取与享有基本或最低限度生活必需品的可行能力，均可被视为能力贫困。基于此理论，用来衡量贫困的标准就不应仅局限于收入、财富，而应该引入关于衡量能力的参数。能力不足是导致贫困的根源，因此对于贫困的考察必须考虑个人在自我价值实现方面的实际能力。可行能力理论的最大贡献在于：强调了能力扩展对促进经济增长以及收入提高的重要作用。因此，解决贫困不能单纯依靠政府投入，提高个人能力是根本之道。

链接

1.《富国与贫国》，冈纳·缪尔达尔，1957年。

2.《亚洲的戏剧：对南亚一些国家贫困问题的研究》，冈纳·缪尔达尔，1968年。

3.《世界贫困的挑战——世界反贫困大纲》，冈纳·缪尔达尔，1970年。

4.《贫困与饥荒》，阿马蒂亚·森，1981年。

5.《以自由看待发展》，阿马蒂亚·森，1999年。

1.4 中国特色扶贫开发理论轨物范世

“问渠哪得清如许？为有源头活水来。”中国特色扶贫开发理论的发展，为人类的减贫思想注入了新的活力。时代是思想之母，实践是理论之源。中国特色扶贫开发理论主要是基于中国特色社会主义时代背景，结合中国扶贫开发的实践经验，由历届中央领导集体对已有扶贫理论不断中国化发展的成果。

1.4.1 中国特色扶贫开发理论的形成与发展

中国共产党历来重视扶贫开发工作，新中国成立以来的社会主义建设发展史，从本质上说就是中国共产党坚持实事求是的思想路线，带领全国人民消除贫困、改善民生、实现共同富裕的奋斗史。从毛泽东到习近平，中国共产党始终坚持以马克思主义为指导，在不同时期的扶贫探索中不断总结经验，形成具有中国特色的扶贫开发理论，成功走出了一条中国特色扶贫开发道路。

新中国成立之初，面对经济社会发展落后的国情，以毛泽东为核心的第一代中央领导集体在马克思主义反贫困理论的基础上提出“共同富裕”的理念，确定了农民在与贫困做斗争中的主体地位，以及坚持党的领导的重要性，并指出反贫困是巩固和发展社会主义制度的基础。在实践层面，通过实施农村低保、五保等社会保障，进行土地改革、农业技术推广，加大农村基础教育、医疗卫生投资等一系列措施，保障贫困群体最低生活水准，形成了新中国成立初期以“输血”为特征的救济式扶贫模式。这些举措在提高农民收入和福利水平、减缓农村贫困等方面取得了一定的成效，为中国特色扶贫开发理论的形成奠定了基础。

以邓小平为核心的第二代中央领导集体对共同富裕思想进行了深化和完善。1992年邓小平指出：“一部分地区有条件先发展起来，一部分地区发展慢点，先发展起来的地区带动后发展的地区，最终达到共同富裕。”这个“先富带动后富”的扶贫政策是邓小平对共同富裕理论的重大突破和创新，避免了市场经济条件下的两极分化现象，充分调动了群众的积极性，朝着实现全体人民共同富裕的目标迈进。中国特色扶贫开发理论由此初步形成。

由于贫困的成因复杂，加之受客观条件和历史条件的制约，实现脱贫不是一蹴而就的，扶贫任务任重而道远。在此背景下，以江泽民为核心的第三代中央领导集体在共同富裕思想的基础上，系统地阐述了开发式扶贫的战略思想，形成了中国特色扶贫开发理论的基本框架。扶贫瞄准对象由原来的贫困地区变为贫困人口，推动了我国农村扶贫战略的根本调整。在扶贫主体上，江泽民采取“自扶”与“他扶”两者相结合，不仅人民政府和社会各界要参与扶贫，贫困地区也要自己艰苦奋斗，发展农村经济。只有外因和内因相结合，才能向着脱贫致富的道路前进。

进入21世纪，我国的扶贫开发工作取得显著成效，贫困人口的温饱问题已基本解决，但贫困问题依然十分严峻。以胡锦涛为总书记的党中央对中国扶贫开发所处的历史阶段做出了科学的判断，明确提出到2020年全面建成小康社会时扶贫开发的总体目标。自此我国扶贫开发的战略重点发生了转移，即由解决温饱为主的阶段转入巩固温饱成果、缩小发展差距的阶段。在路径选择上，胡锦涛坚持全方位扶贫开发的根本方针，坚持开发式扶贫和社会保障相结合，坚持外部支持与自力更生相结合，坚持专项扶贫与行业扶贫、社会扶贫相结合。

党的十八大以来，以习近平同志为核心的党中央把扶贫开发工作提升到治国理政的新高度，全面推进实施精准扶贫、精准脱贫方略，为到2020年全面建成小康社会奠定了坚实的基础，这也标志着我国反贫事业进入了一个新的历史时期。扶贫开发与社会保障“两轮驱动”战略、精准扶贫方略的提出，意味着中国扶贫开发由单一经济开发政策向预防性和保护性社会政策完善，同时回应了扶贫攻坚阶段一部分不具备劳动能力的贫困人口的脱贫问题。习近平总书记所提出的精准扶贫、精准脱贫重要论述是结合中国扶贫开发的实践，不断进行系统总结、科学提炼而形成的理论体系，是中国特色扶贫开发理论在新时期的重大创新和发展。

1.4.2 中国特色扶贫开发理论的继承性与创新性

中国特色扶贫开发理论总体上呈现出从追求平等、公平的救济式扶贫到促进区域发展、能力提升的开发式扶贫，以及促进贫困预防和社会保护的综合性扶贫开发和攻坚阶段精准扶贫、精准脱贫等理念方式的阶段性演进。这既是对国际反贫理论的继承，也是在其基础上进行了创新和发展。

其继承性主要体现在：第一，继承和发展了马克思主义关于消除私有制、建立社会主义公有制的反贫困理论，始终坚持在社会主义公有制的前提下探索扶贫开发的道路。第二，改革开放以后的扶贫措施，在扶贫理念上沿袭了国际社会早期的反贫困理念，即通过经济发展的“涓滴效应”惠及贫困人口。第三，开发式扶贫沿袭了提高可行能力的反贫理论，即注重提高贫困人口的内生发展能力，通过外部资源增强贫困地区自身“造血”功能，为贫困人口内源发展动力的提升奠定了基础。

问答

什么是涓滴效应？

涓滴效应又称渗漏效应、滴漏效应。最初是由美国著名发展经济学家赫希曼在《不发达国家中的投资政策与“二元性”》一文中提出的，认为增长对区域经济发展将会产生不利和有利的影响，分别为极化效应和涓滴效应。在经济发展初期阶段，有利于发达地区经济增长的极化效应居主导地位，会扩大区域经济发展差异。而从长期来看，发达地区给不发达地区带来的投资和就业等发展机会的“涓滴效应”将缩小区域经济发展差异。后来这一研究也由区域经济领域延伸至贫困领域，即“在经济发展过程中并不给予贫困阶层、弱势群体或贫困地区特别的优待，而是由优先发展起来的群体或地区通过消费、就业等方面惠及贫困阶层或地区，带动其发展和富裕”。

其创新性主要体现在：第一，认识到贫困成因的动态性和阶段性，在不同阶段根据贫困成因的特点适时调整扶贫策略。新中国成立之初，面对经济社会发展落后的国情，形成了以“输血”为特征的救济式扶贫模式。改革开放以后，随着经济的发展，落后的外部经济对脱贫的制约逐步减弱，内部能力不足的制约逐步凸显，因此形成了开发式扶贫新理念。进入21世纪，我国的绝对贫困人口数量不断减少，现阶段的贫困问题主要是相对贫困，且还面临经济发展拉动的减贫效益日益递减，和以县域为对象的扶贫开发存在扶贫资源难以精确传递的现实困境。因此，习近平总书记指出，扶贫开发贵在精准，重在精准，成败之举在于精准，并提出扶贫开发工作“六个精准”的基本要求。这“六个精准”充分考虑了贫困的多维性和复杂性，贫困个体致贫原因的特殊性和差异性，有效解决了现阶段我国扶贫工作中的问题，提升了扶贫开发效率。第二，认识到贫困成因的多维性和复杂性，在扶贫主体、扶贫战略及具体扶贫策略方面形成了多元化、多层次、多方面的综合减贫体系。贫困的表现形式是多样的，体现在经济、社会、文化、心理等方面；贫困的成因也是多维的，包括制度局限、资源匮乏、灾害风险等不同因素，使得贫困问题及其治理尤为复杂。基于我国的贫困问题实情，在扶贫开发进程中，形成了包括专项扶贫、行业扶贫、社会扶贫在内的扶贫战略体系，以及经济开发与社会保护并重的扶贫“两轮驱动”举措。第三，认识到贫困是市场化发展追求效率的必然结果，在

问答

什么是“六个精准”？

“六个精准”是2015年6月习近平总书记在贵州召开部分省区市党委主要负责同志座谈会上提出的，其内容包括：扶持对象精准、项目安排精准、资金使用精准、措施到户精准、因村派人（第一书记）精准、脱贫成效精准。

反贫困的过程中形成以政府为主导，市场和社会力量协同参与的大扶贫格局。在政府主导的扶贫开发进程中，市场及社会组织在整合、扩大扶贫资源，丰富、创新扶贫模式，提高扶贫效率等方面发挥了重大作用，形成了多主体参与的扶贫开发格局。这既是中国扶贫开发的制度特色，也是新中国70年来扶贫开发的经验总结。

2 中国成就　举世瞩目
——中国在全球减贫事业中的历史性成就与作用

改革开放40年以来，在党中央的正确领导和全国人民的共同努力下，我国稳定解决了十几亿人的温饱问题，人民生活不断改善。在经济社会全面发展的背景下，如何使农村贫困人口更快地摆脱贫困，成为党和政府关注的重点。党的十八大以来，以习近平同志为核心的党中央把解决农村贫困问题提升到巩固党的执政基础、保持国家长治久安和全面建成小康社会的高度，实施精准扶贫战略，全力推进农村扶贫。习近平同志在党的十九大报告中指出：“确保到二〇二〇年我国现行标准下农村贫困人口实现脱贫，贫困县全部摘帽，解决区域性整体贫困，做到脱真贫、真脱贫。”这是党中央对我国脱贫攻坚的最新要求。

2.1 中国减贫，中流砥柱

一直以来，贫困都是人类面对的共同敌人，而消除贫困则是国际社会面临的共同挑战，这对于可持续发展来说也至关重要。“同一个世界，同一个梦想”，减少贫困人口不仅是发达国家的行动主题，更是发展中国家奋斗的首要目标。在过去几十年的减贫事业历程中，处于不同发展水平的国家均为世界减贫事业贡献出自己的力量。作为人类社会的共同事业，减贫工作一直在路上，作为重要的参与者，中国创造了世界减贫史上的奇迹，为全球减贫事业做出了积极的贡献，其减贫实践经验得到国际组织的高度肯定。

中国在推动全球减贫事业进程中的贡献举世瞩目。1981—1990年，中国贫困人口减少了1.52亿人，国外贫困人口减少了0.31亿人；1990—1999年，中国贫困人口减少了2.37亿人，国外贫困人口减少了1.69亿人。也就是说，从1981年到1999年，如果没有中国在减贫方面取得的成绩，世界贫困人口反而是增加的。联合国开发计划署这样盛赞中国："如果没有中国的进步，从总体上来说整个世界在减贫方面是倒退的。"1990—2010年，中国贫困人口减少了5.26亿，成绩斐然，20年的减贫成果对全世界减贫事业的贡献率达到了43%。中国在减贫方面的努力惠及全世界，不仅对全球贫困人口减少有积极影响，还改善了人类生活质量，在安全饮水、居民健康水平等方面表现突出。联

声音

外国人眼中的中国扶贫

2017年10月9日，北京举行了减贫与发展高层论坛。联合国副秘书长泰格埃格奈瓦克·盖图高度赞扬了中国的减贫工作："中国对待减贫工作一丝不苟，堪称全球典范。"

时任联合国粮农组织（FAO）总干事达席尔瓦表示，中国在减贫发展的道路上取得的成就显著，使得在过去30年间中国7亿贫困人口脱贫。我们赞扬中国设立了比联合国2030年可持续发展目标提早10年的目标，即在2020年消除绝对贫困和极端贫困的发展目标。

联合国粮农组织驻中国代表文森特·马文森表示："我们需要分享中国的成功，并乐于了解取得这些成功的重要因素，比如精准扶贫的战略，以及创新的思路和做法。这些对整个世界都至关重要。"

资料来源：中国扶贫在线网http：//f.china.com.cn，2017年10月17日。

合国开发计划署于1996年提供的一份报告指出："世界上没有任何国家能像中国一样在扶贫工作中取得如此巨大的成功。"联合国《2015年千年发展目标报告》更是显示，中国是率先完成贫困人口比例减半目标的国家。

数说

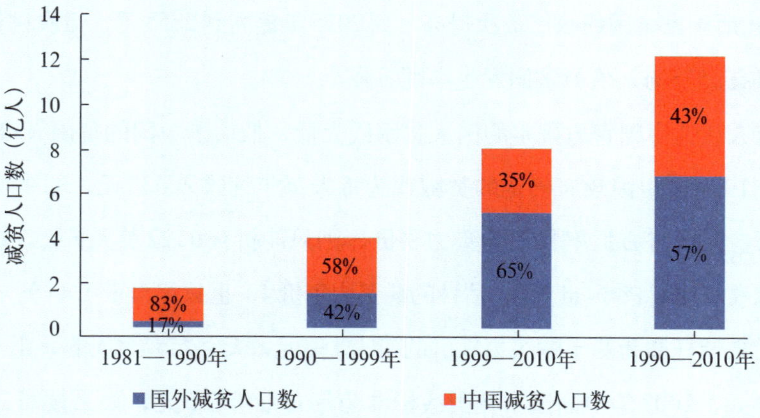

中国减贫对世界的贡献率（1981—2010年）

数据来源：世界银行数据库

1981—1990年、1990—1999年、1999—2010年，中国减贫人口数占世界减贫人口总数的比例分别为83%、58%、35%；1990—2010年，中国减贫人口数占世界减贫人口总数的43%。

全球发展中国家中，中国在减贫领域取得的进展最大，成为参与全球减贫的发展中国家领头羊。中国不仅努力消除本国贫困，还积极地支持和帮助广大发展中国家，以期共同消除贫困。自新中国成立以来，中国共为120多个发展中国家提供了帮助，更好地促进"我们的朋友"落实千年发展目标。全球发展中国家中，如果不包括中国，1990年的极端贫困率为41%，2015年下降至18%，下降幅度为56%；如果包括中国，1990年的极端贫困率则为47%，

2015年下降至14%，下降幅度高达70%。中国对全球发展中国家减贫事业的贡献，由此可见一斑。

中国在减贫领域取得的成就持续且显著，中国的农村贫困人口数量自改革开放以来一直稳步下降。1978年农村贫困人口为2.5亿，农村贫困发生率高达30.7%（按国家贫困线人均年纯收入100元计算）；2007年农村贫困人口减至1479万，农村贫困发生率降至1.6%（按国家贫困线人均年纯收入785元计算）；此后国家贫困线虽然数次提高，到2015年提高到2855元，但农村贫困人口也仅有5575万，农村贫困发生率则下降至5.7%。

有人认为中国官方确定的国家贫困线太低，低估了中国的贫困人口数量。比如，1998年中国政府确定的贫困线为每人每年纯收入635元，即平均1.74元／天，若以官方汇率代表购买力平价，则只能折合0.22美元／天。即便换一个标准，使用Penn世界表*估计的购买力平价4，也只相当于0.44美元／天。而国际最低标准为基于购买力平价的每人1美元／天，二者之间的差距十分明显。再如，2007年中国国家贫困线标准为每人每年785元，如果按照2005年国际购买力平价计算，相当于平均0.57美元／天。因此，从这个角度看，中国农村贫困人口的实际发生率确实要高于官方公布的贫困发生率。

虽然如此，但是世界银行也承认，无论采取哪种标准进行估计，中国的农村贫困人口都表现出了明显的下降趋势。例如，以每人每天1.25美元的标准，中国贫困发生率在1981年为84%，2010年下降到11.8%；以每人每天3.1美元的标准，中国贫困发生率在1981年为99.14%，2010年下降到27.24%。所以，即使国际上对中国扶贫的具体成就存在不同声音，也依然掩盖不了中国在扶贫这场战役中的赫赫功劳。

---

* Penn 世界表，即Penn World Table，是由美国宾夕法尼亚大学生产／收入／价格国际比较研究中心编制的188个国家的购买力平价GDP（国内生产总值）比较数据，最新版包含从1950年到2004年共55年的数据，以2000年为基础。

数说

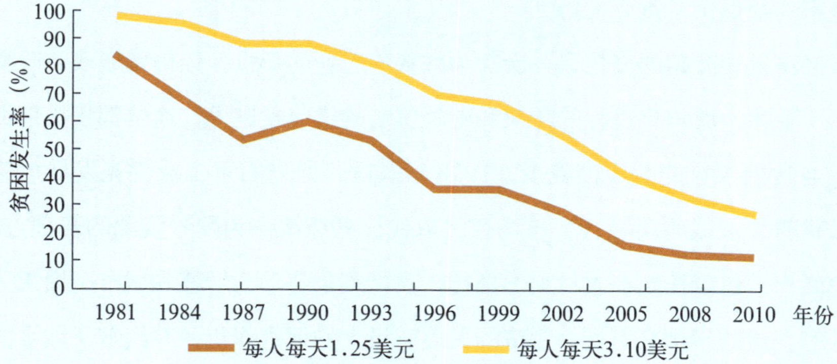

世界银行贫困标准下中国贫困发生率

数据来源：世界银行数据库

以每人每天1.25美元的标准，中国贫困发生率从1981年的84%，下降到2010年的11.8%；以每人每天3.1美元的标准，中国贫困发生率从1981年的99.14%，下降到2010年的27.24%。

2.2 中国策略，精彩纷呈

在中国扶贫开发工作开展的数十年间，国家出台了种种政策与制度，从中央到地方，从国家到个人，无不发挥出各自的作用，各项策略多管齐下，取得了可喜的成就。

2.2.1 经济社会发展，反贫动力

经济增长为减少贫困提供了最为重要的驱动力。中国的经验证明，经济改革和社会发展促进了农业生产力稳步提高，推动了农业和农村经济结构的转

变，增加了农村的农业收入；同时，城市里非农经济的快速发展，为农民提供就业机会和可观的工资收入，大大缓解了农村贫困状况，为我国在减贫事业上的显赫成绩提供了重要支持。

经济发展战略的变化，一次次为减贫创造新的契机。经济发展战略改变带来了工业化、城市化进程的加快和对外贸易的突飞猛进等，这些都积极地促进了城乡贫困人口的大规模减少。1978年以后，原先的重工业优先发展战略被比较优势发展战略所替代，市场经济取代计划经济作为配置资源的基础方式，家庭联产承包责任制在农村大力推行，农村剩余劳动力转移和城市下岗工人再就业等，这些举措都对社会经济的发展有极大的促进作用，并缓解了城乡的贫困状况。

地区经济发展助力地区贫困现象的缓解。“一方水土养一方人”，地区经济一旦发展了，也会在某种程度上带动个人的发展。因此，中国政府从1999年起陆续开始实施区域发展总体战略，从理论和实际情况来看，这些政策措施为地区和城乡之间劳动力转移提供了机遇，缓解了地区之间的发展不均衡。

2.2.2 农业增长农村发展，反贫重点

中国贫困问题的主体在农村，中国政府反贫困策略的重点也在农村。中国的减贫历程符合“农业和农村发展，对于大多数低收入发展中国家的穷人而言至关重要”的国际经验。在中国，贫困人口收入更多地依赖于农业生产，而且，农业的发展是能够实现平等脱贫的最优目标。1978年开始的中国农村改革犹如农村经济的助推器，促进了农村经济显著增长，也使得扶贫工作取得显著的成绩。

改革开放以来，实施了包括农村土地制度、农产品价格和市场制度以及财政制度在内的诸多经济体制改革，极大激励了大量生活在农村的贫困农民，提高了其市场参与程度。政府还增加了有关农业农村的科研等具有很强外部性

的公共投资，提高贫困人口公共服务的可获性，进而提高农业生产效率。根据国家统计局数据，1978年年底开始的农村改革，极大地促进了农民收入的增长，1978—1984年，农业生产总值每年平均增长7.1%，农民人均纯收入由133.57元/年增加到355.33元/年，增长了1.66倍，年平均递增17.71%。同期，农村贫困人口从1978年的2.5亿下降到1984年的1.28亿。

20世纪80年代中期以后，随着家庭联产承包责任制挖掘的农业增长潜力逐渐释放，经济增长速度在农业行业有所下降，与之相对应，贫困发生率的下降速度也放缓。在这一阶段，纯农户贫困发生率较高，这意味着除了关注农业增长对减贫的作用之外，还需要特别开发贫困人口的非农就业机会，帮助更多的纯农户向兼业户或非农户转变，使其脱贫。

此外，中国农村公共性、服务性基础设施的发展为减贫提供了有力保障。过去40年来，中国农村道路交通、农田水利、公共卫生、水电、通信、教育、文化等基础设施建设稳步铺开。这些非生产性投资在促进中国的经济增长以及缓解贫困方面发挥了积极作用。

数说

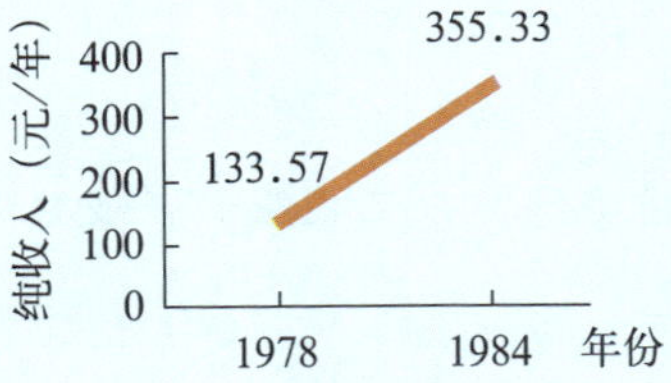

农民人均纯收入

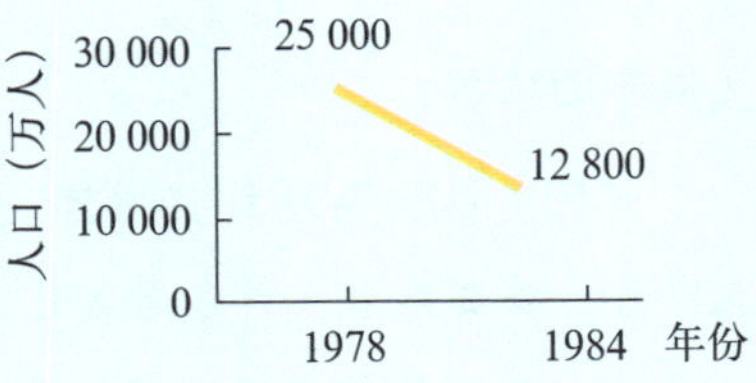

农村贫困人口

数据来源：国家统计局

在1978至1984年间，农民人均纯收入由133.57元/年增加到355.33元/年，农村贫困人口从2.5亿下降到1.28亿。

2.2.3 专项扶贫，反贫主力

专项扶贫一直是中国扶贫开发工作的主力。自20世纪80年代开始，中国政府就已经实施了大规模的有组织、有计划的扶贫行动，致力于提升贫困人口人力资本，改善发展条件，促进贫困人群更好地参与经济发展，在此过程中构建了大扶贫格局，由政府、社会、市场协同推进，凝聚起强大的扶贫工作合力。

由中国政府主导的专项扶贫工作取得了令人瞩目的成就。通过整村推进式扶贫开发，全国15万个村，逐村制定规划，分年实施，从设施、组织、产业、服务等多方面推动贫困社区的发展。到2010年，有12.6万个村已经完成整村推进的工作，成效显著。通过雨露计划，先后投入资金30多亿元，完成400余万人次的贫困家庭劳动力转移培训，其中大部分（80%以上）实现了就业转移，且他们的工资水平较培训之前提高了300～400元/月。通过产业扶贫，扶持625家龙头企业，带动400多万贫困农户脱贫致富。通过连片开发试点，形成了区域性贫困治理新模式，并取得了宝贵的经验。通过移民搬迁，大批贫困人口得以摆脱恶劣的生存条件。在生态环境脆弱的特困地区，有效恢复

问答

什么是专项扶贫？

专项扶贫包括易地扶贫搬迁、整村推进、以工代赈、产业扶贫、就业促进、扶贫试点、革命老区建设等。

目前，我国扶贫开发已经从以解决温饱为主要任务的阶段转入巩固温饱成果、加快脱贫致富、改善生态环境、提高发展能力、缩小发展差距的新阶段。在这样的背景下，专项扶贫、行业扶贫和社会扶贫构建了国家扶贫战略的完整体系，互为支撑，相互呼应，共同促进贫困地区加快发展，促进贫困人口脱贫致富。

了生态环境，大幅提升了公共服务水平。通过特殊地区综合治理，一些深受地方病与自然灾害困扰的地区，改变了贫困落后面貌，尤其在汶川灾后重建过程中，贫困村的灾后重建取得了公认的成绩。

中国贫困地区类型复杂，致贫原因多元，因而，贫困治理的方式需要具有针对性。在过去30余年，中国专项扶贫政策在实践过程中发挥了主导作用，具体实施的模式也在不断发展和成熟，形成中国特色减贫道路的策略体系。

2.2.4 行业扶贫，反贫助攻

如果说专项扶贫政策是中国扶贫开发的主力，那么行业扶贫就是有力的助攻。行业扶贫包括明确部门职责、发展特色产业、开展科技扶贫、完善基础设施、发展教育文化事业、改善公共卫生和人口服务管理、完善社会保障制度、重视能源和生态环境建设等。除了国家专项扶贫政策之外，有关部门还制定了多项涉及贫困地区的行业减贫政策，开展了多项具体项目，其中最主要的是以财政部牵头的农业综合开发项目，以科技部牵头的科技扶贫项目，以农业农村部牵头的农民技术培训项目，以教育部牵头的义务教育阶段“一费制”和“两免一补”政策，以及劳动和社会保障部等多部门联合实施的农村劳动力转移培训“阳光工程”项目。正因为有这些行业扶贫政策的辅助，从而间接促进了我国的扶贫开发，使得贫困地区的落后面貌有了很大的改变，贫困群众的生产生活水平也有了很大的提高。

1．农业综合开发　在全国范围内实施农业综合开发始于1988年，是国家集中一定财力，采取综合投入、综合治理的办法，通过改造中低产田、开垦宜农荒地、改善农业基本生产条件、增强农业发展后劲的一项重大举措。农业综合开发的实施主要与以下两方面的国情有关：一是我国人口逐年增加而耕地面积逐年减少；二是农田生产条件较差，农业综合开发能力不强。

2．科技扶贫　科技扶贫是国家科委于1986年提出的我国反贫困战略中的一个重要举措，是我国扶贫开发的重要组成部分。其宗旨是应用成熟的科学技术和现代管理科学，增强贫困地区农民的开发能力，大幅度提高贫困地区的资源开发水平和劳动生产率，求得经济开发的最佳经济、社会和生态效益，以促进贫困地区的商品经济发展，加快贫困地区群众的脱贫致富步伐。

拓展阅读

农业综合开发

目标：坚持以改造中低产田为重点，加强农田水利基本建设，建设优质、高产、稳产、节水、高效农田，增强农业抗御自然灾害的能力，提高我国基本农田的生产能力，特别是主产区粮食生产能力；以市场为导向，发挥农业区域比较优势，积极培育农村支柱产业，发展产业化经营，推进农业和农村经济结构战略性调整，全面提高农产品质量、农业生产组织化程度和农业抗御市场风险的能力；实行山水田林路综合治理，加强农田林网建设，推进退耕还林，加大生态工程和生态项目支持力度，有效改善生态环境，促进农业可持续发展。

经验：①中央及时集中财力，统筹规划，至上而下实行综合投入、综合治理的农业开发措施，集中力量贯彻强农富民的发展理念。各地方在中央的宏观政策指导下，立足实际，积极发挥比较优势，形成了各地区农业生产模式多样化发展的良好势头。②中央根据新形势、新要求，适时对农业综合开发项目的侧重方向和结构规划做出调整。在农业综合开发实施初期，主要任务是促进农业增产。在20世纪90年代末，主要目标调整为促进农业增产、农民增收和保护生态环境。在这一新的战略框架下，各地区努力优化产业结构，进一步推动以市场为导向的农业发展模式的形成。

拓展阅读

科技扶贫

目标：以解决贫困人口温饱问题和巩固温饱为核心，通过应用成熟的科学技术和现代管理科学，增强农村贫困人口的科技文化素质，提高贫困地区技术创新与自我发展能力，大幅度提高贫困地区的资源开发水平和劳动生产率，加快解决贫困人口温饱问题，求得经济开发的最佳经济、社会和生态效益，尽快实现贫困地区经济、社会、生态的可持续发展，为达到小康水平提供科技支撑。科技扶贫的最终目标是通过科技项目与科技培训等手段，提高农民的文化素质和科技水平，不断增强其自我生存与发展的能力。

经验：①讲究针对性，有利于科技扶贫项目集中力量、达到目标。科技扶贫项目着重瞄准贫困群体，尤其是保证特困人口能够尽可能参加科技扶贫开发活动，在此基础上最大限度地满足贫困群体的需求。②以科技为依托，从实际出发，有利于保证科技扶贫项目的实效。依靠科技，实现农业产业增值的巨大效益；趋利避害，科学而充分地利用自身的地区优势，克服不利条件，开展宜时宜地的特色农业。③有效利用有限资源，有利于科技扶贫项目的可持续发展。在具体项目的选择和实施过程中根据当地的生态情况和农业生产条件，追求资源的使用效率，合理安排规模，科学开发，综合治理。

3．农民技术培训　2003年，为进一步贯彻落实科教兴国战略和党的十六大精神，针对我国农业进入新阶段和加入世界贸易组织后“三农”所面临的机遇和挑战，农业部在多年开展农民技术培训的基础上，制定了《2003—2010年全国新型农民科技培训规划》。该规划紧紧围绕农业结构战略性调整和农业产业化经营，动员和利用各种科技教育资源，开展多层次、多渠道、多形式的新型农民科技培训，不断提高广大农民的科技文化素质，促进农业增效、农民增收、农产品竞争力增强，为全面建设小康社会提供智力支持。

拓展阅读

农民技术培训

目标：通过实施新型农民科技培训规划，培养一大批觉悟高、懂科技、善经营，能从事专业化生产和产业化经营的新型农民。

经验：①创新机制的科学应用，是农业技术培训得以全面开展的制度保证。首先，政府统筹、农业部门牵头、相关部门协作配合、社会广泛参与的新型农民科技培训运行机制，有利于充分调动社会资源，促进政府部门和农民群众上下齐心谋发展；其次，绿色证书工程和跨世纪青年农民科技培训工程的开展和推广有利于农业技术教育逐步走向法制化、规范化和制度化，从而保证培训的效果和效益；再次，通过多种形式的专业合作组织建设，加快了农村社会化服务体系建设的进程，形成先富带后富的帮带推广机制。②运用现代教育手段开发多渠道的科技教学模式，是农业技术培训得以迅速推广的技术支持。农业技术培训项目运用了现代教育手段，通过包括少数民族语言在内的广播电视节目的制作和播放，以及农业科技光盘的推广，加大了传播覆盖面。③以人的全面发展为出发点的人本观念，是农业技术培训得以持续发展的理念保证。技术培训培养了一大批年轻有为的农场主和农民企业家，在当地起到了积极的示范和带头作用，有效促进了项目的持续发展。

4．义务教育阶段“一费制”“两免一补”的政策　为了减轻农民的教育负担，教育部在2004年全面推行农村义务教育“一费制”的基础上，又实施了“两免一补”的政策，大幅度减轻了广大农民特别是贫困地区农民的教育负担。

5．农村劳动力转移培训阳光工程　为贯彻落实党中央、国务院的要求和部署，加强农村劳动力转移培训工作，农业部、财政部、劳动和社会保障部、教育部、科技部、建设部从2004年起，共同组织实施农村劳动力转移培训阳光工程（简称为“阳光工程”）。阳光工程是由政府公共财政支持，主要在粮食主产区、劳动力主要输出地区、贫困地区和革命老区开展的农村劳动力转移到非农领域就业前的职业技能培训示范项目。

拓展阅读

义务教育阶段“一费制”“两免一补”的政策

目标：促进农村教育体系的规范化，提高农村义务教育的普及率，减轻农村家庭的教育经费负担。

经验：①在试点试验的基础上，中央将“一费制”普及化、制度化，规范了各地的教育收费行为。在重点县农村小学和初中进行“一费制”收费办法试点的基础上，中央制定了《关于在全国义务教育阶段学校推行“一费制”收费办法的意见》等相关法规，在全国范围内实现了“一费制”的强制推行。该举措有效地规范了中小学的收费管理，对治理教育乱收费，落实政府对义务教育的投入责任，确保义务教育持续、健康发展起到了关键性的指导作用。②通过教育部的统筹规划和财政部的密切支持，将“两免一补”落到实处，有利于保障农村的义务教育普及率和教育质量。

拓展阅读

农村劳动力转移培训阳光工程

目标：提高农村劳动力素质和就业技能，促进农村劳动力向非农产业和城镇转移，实现其稳定就业，推动城乡经济、社会协调发展，加快全面建设小康社会的步伐。

经验：①中央牵头，保障稳定的制度环境与物资支持。一方面，中央负责把握政策、协调和监管的大方向；另一方面，各地在党委和政府的统筹领导下，组织开展各辖区的各项具体工作。中央宏观调控与地方全责分配的有机结合，既保证了阳光工程的实施能有集中、稳定的财力和物资支持，也为阳光工程的良性运作提供了稳定和灵活有机结合的制度环境。②招标市场化机制，提高培训服务效率。面向社会招标确定项目实施单位的市场化机制不仅有利于调动社会资源，促进社会对农民劳动力资源的再认识和再挖掘，而且能够更加紧密地联系农村富余劳动力和城镇劳动力市场，有利于提高劳动力价值实现和转化的效率。③资金管理和监督检查机制，保障培训质量和农民权利。政府与农民共同分担的资金管理机制和行政领导监督检查责任制既有利于减轻农民的经济压力，帮助农民解决劳动力培训和就业问题，又能为农民工提供自我保护的制度基础，是阳光工程得以良性循环的基本保障。

2.2.5 社会保障，反贫基石

社会保障作为一项兜底制度，可以稳定地解决贫困人口所面临的温饱问题，在很大程度上为扶贫开发工作提供了有益的补充。中国农村社会保障制度体系包括新型农村合作医疗制度、新型农村养老保险制度、农村最低生活保障制度、农村“五保”供养制度、农村医疗救助、灾害救助等。由于当前农村社会保障体系的主要政策是21世纪以后建立起来的，设立时间不长，目前正在不断完善中。

1．新型农村合作医疗制度　新型农村合作医疗制度于2003年试点，2009年正式确立地位，是一种农民自愿参加，个人、集体和政府多方筹资，以大病统筹为主的农民医疗互助共济制度。新型农村合作医疗制度改善了农民就医状况，减轻了医药费用负担，一定程度上也缓解了贫困状况，这对于处于生计脆弱性边缘的贫困群体尤为重要。2010年，新型农村合作医疗制度基本覆盖全国农村居民。2017年，各级财政对“新农合”的人均补助标准达到了450元，2018年达到490元。

2. 新型农村养老保险制度 2009年，国务院颁发《关于开展新型农村社会养老保险试点的指导意见》，要求以“保基本、广覆盖、有弹性、可持续”为基本原则，筹资方式为个人缴费、集体补助、政府补贴相结合，待遇支付方式为基础养老金和个人账户养老金相结合。截至2011年7月已覆盖到全国60%的农村地区，共有493个国家扶贫开发工作重点县被纳入试点，覆盖率达到83%。2014年2月，将新型农村社会养老保险和城镇居民社会养老保险合并实施，在全国范围内建立统一的城乡居民基本养老保险制度，并在制度模式、筹资方法、待遇支付等方面与合并前保持基本一致。2015年年底，城乡居民基本养老保险参保人数达到50 472万人。

拓展阅读

农村最低生活保障、“五保”供养及医疗救助制度

农村最低生活保障：于2007年在全国范围内全面实施，是国家和社会为生活在最低保障线以下的社会成员提供满足最低生活需要的物质帮助的一种社会救助制度安排。2010年以后，农村低保人口保持相对稳定，在5 200万人左右。到2015年，农村低保人口稍有降低，为4 903.6万人，全国农村低保平均标准增加到每人264.8元/月，人均补助水平增加到147.2元/月。

农村“五保”供养：由农村社区（集体）负责保证无劳动能力、无法定扶养人、无可靠生活来源的孤儿、残疾人和老年人的基本生活需求，即对他们“保吃、保穿、保住、保医、保葬”，简称“五保”。供养方式有网络供养、统供分养、承包供养、集中供养、合作养老保险辅助供养。截至2010年年底，全国共有农村“五保”供养人口534.1万人，各级财政支出农村“五保”供养资金为98.1亿元。

农村医疗救助：于2003年实施，筹资方式为政府拨款和社会各界自愿捐助等，对患大病农村“五保户”和贫困农民家庭实行医疗救助。在“新农合”基础上，我国逐步构建农村贫困居民医疗救助制度，实现“难有所助”。2011年，累计救助贫困农村居民6 297.1万人次，其中，民政部门直接救助农村居民1 471.8万人次，人均救助规模达到635.8元。

2.2.6 社会力量，反贫支撑

“独行快，众行远”，中国减贫取得的成就离不开国内外社会力量的广泛参与，社会各界齐心协力，共同汇聚成为扶贫攻坚力量的源泉。进入21世纪以来，各类社会组织通过直接的资源投放、经验分享、政策倡导等方式，积极推动着我国反贫困事业的发展进程。

1．国际机构与非政府组织的扶贫　自20世纪90年代初开始，在扶贫领域，中国就积极寻求国际援助，与联合国开发计划署、世界银行、亚洲开发银行等开展合作项目，合作对象涉及英国、德国、日本等多个国家，也不乏国外民间组织的参与。据不完全统计，到2010年，一共实施了110个外资扶贫项目，覆盖了中国中西部地区的20个省（自治区、直辖市）、300多个县，扶贫领域的各类外资达14亿美元，受益的贫困人口近2 000万人。在这个过程中，中国不仅积极地向国际上学习参与式扶贫、小额信贷、项目评估管理、贫困监测评价等先进的减贫理念和方法，也共享自己的减贫经验，与大家携手共同进步。

2．国内民间组织的扶贫　中国扶贫从来不乏国内民间力量的参与。自20世纪80年代开始，在国家的号召下，全社会范围内大规模的扶贫开发工作就一直在如火如荼地进行着。社会扶贫主要包括定点扶贫、东西协作扶贫以及国内民间组织和公众参与扶贫。在早期，共青团、妇联、科协等为社会扶贫的主

拓展阅读

世界银行贷款第六期扶贫项目

2016年11月29日，由中国国际扶贫中心主办、四川省扶贫和移民工作局项目中心协办的世界银行贷款第六期扶贫项目（贫困片区产业扶贫试点示范项目，以下简称“世行六期扶贫项目”）“项目管理与合作社治理”培训班在四川省成都市开班。

来自世行六期扶贫项目三省项目区（甘肃、贵州、四川）的各级项目管理人员和合作社管理人员共约120人参加培训。本次培训班邀请了来自合作社政策制定、产业价值链建设、合作社内部治理、项目管理和财务管理以及项目软件管理等方面的专家授课，授课内容紧密围绕规范合作社设计和全产业价值链构建等主题展开，目的是提高各级项目管理人员的项目管理水平，提升合作社辅导员和负责人在设计及投资运行方面的管理能力，为下一步加快世行六期扶贫项目实施进程打下坚实基础。

体，他们一般是直接向贫困地区提供资金和物资方面的支持，形式比较单一，且可持续性不强。随着公益组织的发展成熟，各种项目适时推进，各种形式的培训也因地制宜地展开。进入21世纪后，在政府的鼓励和支持下，民间组织不断创新扶贫形式，为改善贫困地区条件、促进贫困地区发展贡献各自的力量。

拓展阅读

定点扶贫与东西协作扶贫

定点扶贫：于1986年开展，简而言之，就是选择一个或者几个特定的地方进行扶贫工作。在中央单位的示范带动下，28个有扶贫任务的省及所辖的市县均层层组织开展定点扶贫工作。截至2016年，共有17.68万个党政机关、企事业单位参加了地方组织的定点扶贫工作，覆盖全国12.8万个建档立卡贫困村。共有77.5万挂职蹲点干部，帮扶单位直接投入共计326.77亿元，实施26.1个帮扶项目，帮助引进各类资金454.4亿元，引进各类项目80.6万个，共举办15.4万期各类培训班，培训各类人员739万人次。

东西协作扶贫：开始于1996年，东西协作双方每年会派代表团到对方省份考察，及时就双方交流协作中的重要问题进行对接和磋商，明确工作方向，确定协作重点，签署帮扶协议。20年来，东部省份向西部10个省份共提供财政援助132.7亿元，帮助修建了2.15万公里的农村公路，1690个卫生院（所）……用真金白银去解决实际困难，帮助打破脱贫瓶颈。

2.3 中国经验，声名远扬

中国积极参与全球减贫事业，并成为全球减贫成果的重要贡献者。改革开放以来，随着经济持续快速发展，我国扶贫开发稳步推进，贫困人口大幅度减少，农村绝对贫困人口由1978年的2.5亿减少到2016年的4 335万，成为世界上率先实现联合国千年发展目标的国家，对世界减贫的贡献率超过70%。中国充分发挥制度优势，努力减少国内贫困；且以南南合作的方式，为其他发展中国家提供新的动力，从而实现减贫。进入21世纪后，世界经济和国际关系风云变幻，尤其是在全球金融危机之后，以金砖国家为代表的新兴经济体成为国际经济增长的主要动力。在国际减贫领域，传统的发展援助在理论、数量、质量等方面均出现弊端，导致全球贫困问题依旧严重。而与之形成鲜明对比的是，中国通过新南南合作为全球实现联合国可持续发展目标提供了新的动力。

2.3.1 中国方案，特色鲜明

中国特色的减贫方案，成为世界减贫事业中的一股清流，其主要特色可以概括为以下三点：

1. 基于中国国情探索出一条独具特色的扶贫开发道路 坚持以政府为主导，强化政府部门责任，重视市场机制的力量，在全球化进程中，充分发挥资源禀赋的比较优势。始终以农村、农业和农民为核心，夯实减贫基础。创造有利的市场环境，促进贫困地区劳动力转移就业，拓展贫困人口的增收门路。不断完善社会保护制度，对减贫形成“兜底”性的制度安排。

2. 探索了在减贫领域关于国际合作的新理念和新方法 中国的减贫故事向传统的发展理念提出了挑战，越来越多的中外学者从不同的角度对中国的发展历程进行剖析，其中包括经济学家对政府与市场的再思考、国际关系学者对南南合作及中非新型伙伴关系的再认识等。各种观点还在不断增加和碰撞的过程中，不论争论的结果如何，都说明发展不止一个答案、一条路径，关键在于根据本国国情找到适宜的发展方法。

3. 为其他发展中国家提供可借鉴的模式 中国的减贫模式不可复制，但可为其他发展中国家消除贫困提供可借鉴的经验。例如，对于拉美国家而言，失业率高是造成贫困的一个重要原因，中国为贫困农民提供职业培训就是一个很好的方向，值得借鉴。中国的经验是多方面的，每个发展中国家结合本国的需求，以本国的自然、文化、社会和经济条件为基础，根据发展的优先序，都可在中国找到一些可以借鉴的模式和方法。中国的减贫经验是一座宝藏，有待世界各国共同开发。

2.3.2 中国扶贫，经验丰富

中国在长期的扶贫开发工作中积累了丰富的经验，主要概括为以下几点：

1. 发挥政府的主导作用 保证扶贫所需要的组织支持，在制定国家的经济社会发展计划时将扶贫考虑在内，使扶贫成为政府工作的重要内容，建立领导和协调的扶贫组织体系。坚持中央统筹、省负总责、县抓落实的管理体制，建立片为重点、工作到村、扶贫到户的工作机制，实行党政一把手负总责的扶贫开发工作责任制。其次，保证必要的扶贫投入，政府利用其行政体系，动员各方资源并妥善安排。完善扶贫资金和项目管理办法，开展绩效考评。建立健全协调统一的扶贫资金管理机制。这些都为扶贫工作的有序开展提供了良好的政策环境。

2．广泛动员社会力量　逐步完善健全定点扶贫机制、东西部扶贫协作机制和社会力量参与机制，最大限度地调动社会扶贫资源，共同为扶贫攻坚贡献力量，合力加快扶贫攻坚的进程。动员社会各界参与到扶贫开发工作中，不断完善机制，拓展领域，注重实效，提高扶贫开发工作水平。此外，强化政策措施，鼓励先富帮后富，实现共同富裕。坚持以问题为导向，在实践中通过不断地在理念、制度、方式、机制上的创新，为扶贫工作输入源源不断的动力。

3．实行开发式扶贫　开发式扶贫是对过去传统的分散救济式扶贫的改革与调整，是中国政府农村扶贫政策的核心和基础。坚持开发式扶贫的方针，就是以经济建设为中心，支持、鼓励贫困地区干部群众改善生产条件，开发当地资源，发展商品生产，增强自我积累和自我发展能力。中国减贫道路的基本经验在于坚持政府主导的开发式扶贫战略。这一战略的选择，是对中国减贫总体形势发展和减贫规律科学认识的结果，有别于西方国家工业化道路中的贫困，中国社会转型具有其自身的特点。20世纪80年代中期，中国即开始有组织、有计划、大规模的扶贫开发行动，对传统的救济式扶贫进行彻底改革。此后各项政策均坚持开发式扶贫方针，把扶贫开发作为脱贫致富的主要途径，鼓励和帮助有劳动能力的扶贫对象通过自身努力摆脱贫困。我国由救济式扶贫向开发式扶贫的转变，从“输血”转向“造血”，也有助于从根本上解决贫困难题。

4．实施精准扶贫方略　党的十八大以来，我们党和政府高度重视扶贫工作，把扶贫作为党和政府的历史使命和重大责任，纳入“四个全面”战略布局进行部署，作为全面建成小康社会的底线目标进行安排。为了实现这个目标，中国政府为此采取了一系列保障措施。

（1）实施精准扶贫和精准脱贫方略：核心内容是做到“六个精准”，实施“五个一批”。“六个精准”包括扶持对象精准、项目安排精准、资金使用精准、措施到户精准、因村派人精准、脱贫成效精准。通过“六个精准”，解决好“扶持谁”“谁来扶”“怎么扶”和“如何退”这几个关键问题。“五个一批”是指采用分类施策的工作思路，主要包括发展生产脱贫一批、易地搬迁脱贫一批、生态补偿脱贫一批、发展教育脱贫一批、社会保障兜底一批，实现对贫困人口的全覆盖。

（2）完善与出台了一系列配套政策措施：包括加大财政扶贫投入力度，加大金融扶贫力度，实施土地优惠政策、动员社会参与等。中央财政继续加大对贫困地区的转移支付力度；中央出台了一揽子包括扶贫小额信贷、扶贫再贷款、金融债等在内的金融政策，并且在巩固和强化原有格局下的社会扶贫基础上，进一步动员民营企业、社会组织及个人参与扶贫。

（3）加强领导和组织保障措施：充分发挥各级党委总揽全局、协调各方的领导核心作用，严格执行脱贫攻坚党政一把手负责制；从中央到地方层层签订责任状，落实责任；建立严格的考核、约束、退出机制。由“面”到“点”，是扶贫工作的重大进步。

3 全球反贫　成效显著
——全球减贫事业的进展

“足寒伤心，民寒伤国。”从古至今，贫困不但阻碍一个国家的社会经济发展，也是战争冲突频发、恐怖主义蔓延和自然环境恶化等问题的重要根源之一，全球许多国家和地区的贫困人口正生活于水深火热之中。国际社会对贫困问题高度重视，中国作为世界上最大的发展中国家，是世界减贫事业的积极倡导者和有力推动者。习近平总书记在2015减贫与发展高层论坛上指出“消除贫困是人类的共同使命”，呼吁“为共建一个没有贫困、共同发展的人类命运共同体而不懈奋斗”。

3.1 全球减贫战果辉煌

贫困是“无声的危机”，贫困问题是当前世界面临的最严峻问题之一。多年来，国际社会一直在为消除贫困做出积极的努力。一方面，全球化背景下世界各国经济社会发展的过程也是国际减贫事业发展的过程，世界各国各地区在全球范围内的竞争、合作与发展极大程度地推动了国际减贫事业的开展，并取得了卓越的成就。另一方面，各种形式的国际发展援助活动也正如火如荼地进行。国际上普遍认为，国际援助活动在世界范围内开始发挥作用的标志是美国在欧洲实行“马歇尔计划”（Marshall Plan）和向发展中国家推行“第四点计划”（技术援助落后地区计划），自此，国际发展援助从无序走向规范，以联合国、国际经济合作与发展组织为代表的国际组织推动了发达国家对经济落后国家有计划、有组织的帮助。20世纪六七十年代被称为是国际援助的黄金时代，但这一时期的援助带有明显的政治色彩，尤其是在发展中国家遭遇债务危机后，美国大力推行“华盛顿共识”，在发展中国家进行市场化和私有化改革，这实质上是一种政治干预，其结果是使得发展中国家和发达国家之间的差距被不断拉大。20世纪90年代苏联解体，其社会主义阵营的瓦解使得政治性的国际援助逐渐失去作用，发达国家大幅减少对发展中国家的援助，导致1991—2000年全球贫困加剧。

为引起国际社会对贫困问题的重视，推进全世界范围内开展消除贫困的

拓展阅读

国际消除贫困日

国际消除贫困日（International Day for the Eradication of Poverty），亦称国际灭贫日或国际消贫日，定为每年10月17日，由1992年12月召开的第47届联合国大会讨论确定。设立国际消除贫困日，旨在引起国际社会对贫困问题的重视，动员各国采取具体扶贫行动，宣传和促进全世界的消除贫困工作。每年国际消除贫困日，联合国、各国政府及民间组织都要开展各种宣传与纪念活动。

行动，在2000年9月召开的联合国大会上，各成员国一致通过《联合国千年宣言》，提出“千年发展目标”（MDGs），并将“消除极端贫困与饥饿”放在千年发展目标的第一位，承诺在2015年之前，使每日收入低于1.25美元的人口比例减半。这项宣言使国际发展援助迎来新的春天，走向新的发展阶段。2015年9月，联合国通过《2030年可持续发展议程》，将“在全世界消除一切形式的贫困”列为17项可持续发展目标（SDGs）的首要目标，提出“到2030年，在全球所有人口中消除极端贫困”。国际双边援助机构、国际多边援助机构、各类型国际非政府组织（NGO）、基金会、慈善社团或个人纷纷行动，共同致力于全球减贫大事业。

伴随着全球经济的发展和各种援助组织的活跃，国际减贫事业枯木逢春，空前的努力取得了意义深远的成绩。2000年“千年发展目标”提出以来，全球极端贫困率降低了一半以上。作为贫困治理的重点区域，发展中国家的极端贫困率由1990年的47%下降到2015年的14%，下降了2/3以上。在2011年年底，除撒哈拉沙漠以南的非洲地区处于落后行列外，其他所有发展中国家和地区都已经提前完成了“将生活在极端贫困中的人口数量减半”的“千年发展目标”。

“百尺竿头，更进一步。”虽然全球减贫事业取得了很大的进展，但贫困形势依然严峻。在发展中国家和地区，有14%的人仍旧处于每天1.25美元收入水平以下，千百万人每日收入勉强高于这个水平，还有许多人有返贫的风险，尚没有理由骄傲自满。

首先，世界银行指出，我们不能仅仅关心生活在极端贫困中的总人数，人口分布也很重要。一直以来，全球贫困人口分布很不均衡，主要分布在亚洲、非洲和拉丁美洲以及其他地区的低收入国家和经济增长缓慢的中等收入国家，尤其是南亚和撒哈拉以南的非洲地区。同时，各地区贫困人口在农村和城市之间的分布也有所不同，亚太和非洲地区贫困人口主要集中于农村，而拉美地区主要集中于城市。

数说

按照联合国2015年确定的“极端贫困目前的衡量标准是每人每日生活费不足1.25美元”进行统计，从1990年至2015年间，全球极端贫困率已从36%降到12%，生活在极端贫困中的人数从19.26亿减少到8.36亿。

过去20多年间极端贫困率显著下降。1990年发展中国家近一半的人口依靠一天不足1.25美元生活，而到2015年这一比例下降至14%。

全球极端贫困人口（亿人）

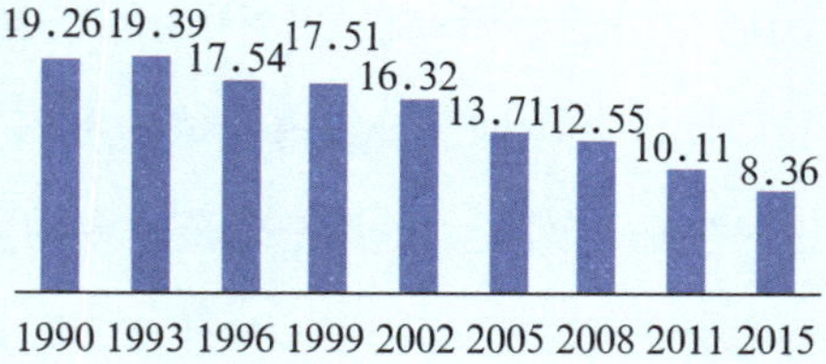

发展中国家极端贫困率

其次，各地区减贫事业的进展也很不平衡。在1990年到2015年这26年当中，东亚地区的反贫困事业进展最快，减贫成就最大，极端贫困率下降到了4%，这主要归功于中国减贫取得的巨大成果；南亚相比之下稍差一些，但在同时期内极端贫困率也下降显著，从52%降至17%，并且自2008年以后减贫速度加快。相比之下，撒哈拉以南非洲地区的减贫事业则进展缓慢，该地区的贫困发生率直到2002年后才回落至其1990年的水平，尽管极端贫困率在过去十几年间有所下降，但在全球仍处于落后行列，导致这一地区的极端贫困率一直位居世界首位。据统计，到2015年，撒哈拉以南非洲地区还有超过40%的人口生活在极端贫困中。

最后，由于世界各国和地区减贫进展大不相同，世界贫困人口在全球的分布也发生了很大变化。东亚地区贫困人口占全球贫困人口比例大幅度下降，而南亚和撒哈拉以南非洲地区所占比例大幅提高。1990年，世界极端贫困人口中有一半在东亚及太平洋地区，撒哈拉以南非洲的比例约为15%。而随着21世纪以来各国和地区收入差距的进一步拉大，贫困人口比例发生了较大变化。2015年依然生活在极端贫困中的8.36亿人口中，绝大多数集中在南亚和撒哈拉以南的非洲地区，约占全球的80%，其中超过40%生活在撒哈拉以南非洲，34%生活在南亚。虽然全球范围内的贫困发生率出现下降，但有些国家由于人口总量的增长速度快于减贫速度，以及自然灾害和冲突频发、经济增长乏力等原因，导致贫困程度加剧，全球贫困人口分布出现新格局。

数说

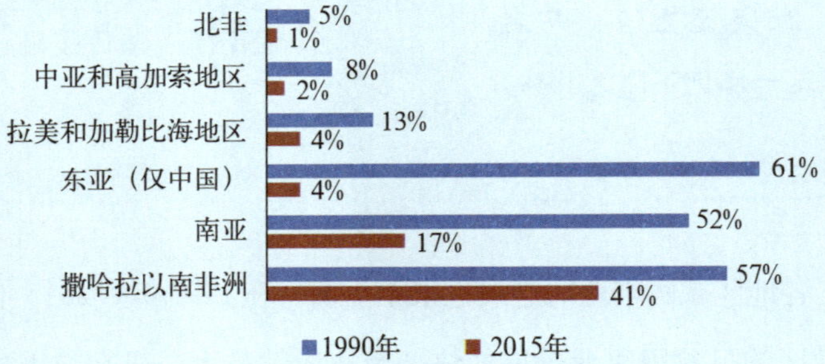

世界各地极端贫困率（每人每日1.25美元）

1990年，按照每人每天1.25美元的贫困线，东亚地区的极端贫困率最高，尤其是中国，高达61%，撒哈拉以南非洲其次，为57%，接下来分别是南亚（52%）、拉美和加勒比海地区（13%）、中亚及高加索地区（8%），最后是北非（5%）。

2015年，极端贫困率分别为北非1%、中亚和高加索地区2%、拉美和加勒比海地区4%、东亚（仅中国）4%、南亚17%，撒哈拉以南非洲仍然高达41%。

3.2 亚洲成就举世瞩目

亚洲是七大洲中面积最大、人口最多的一个洲，覆盖地球陆地总面积的29.4%，总人口约为43.5亿，占世界人口约60%。20世纪末，亚洲还是世界上极端贫困人口最多的区域，尤其是东亚。而过去20年来，亚洲地区国家纷纷进行了改革开放，亚洲经济增速显著超过同期全球经济增速，成为全球经济的亮点，特别是新兴工业国家和地区如“亚洲四小龙”和稍后崛起的泰国、马来西亚，以及后来的中国。人均收入的快速增长，使得亚洲极端贫困率大幅度下降，东亚和东南亚发展中国家提前实现了贫困人口减半的千年发展目标。

东亚地区减贫成绩斐然。在20世纪80年代初期，东亚曾是全球最贫困的地区，但在过去的20多年里却成为减贫成效最为显著的地区，这离不开经济的高速增长和稳定的社会环境。2000年到2013年，东亚地区人均国内生产总值增长率保持在6%以上，2010年甚至达到8.96%，经济快速发展的地区覆盖了传统贫困人口地区，使区域贫困发生率大幅下降，下降速度居全球首位。2017年人均国内生产总值增长率为4.7%，依然位于世界前列。从1990年到2012年，东亚和太平洋地区贫困人口数量减少了8.48亿，贫困发生率从60.6%降低到7.2%，2015年进一步降至4.1%，贫困人口数量不足1亿人。中国是东亚取得斐然减贫成就的大功臣，《2015年联合国千年发展目标报告》中指出，按每人每日1.25美元计算，中国的极端贫困率从1990年的61%下降到2002年的33%左右，在减贫人口数量上居全球第一，也是率先完成联合国千年发展目标的国家，极端贫困率在2015年更是下降到仅4%，对全球减贫事业的贡献率超过70%。

与东亚相比，南亚的减贫进展略为逊色。近年来，南亚作为世界重要的新兴经济体，实现了经济持续高增长，年增长率一度达到6%以上。作为

声音

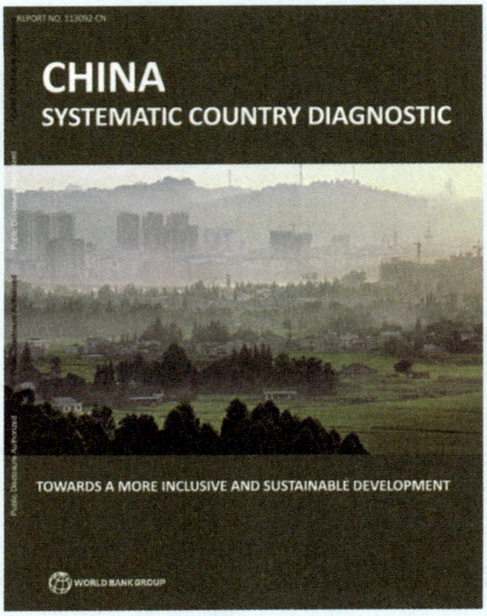

2018年2月世界银行发布《中国系统性国别诊断报告》，报告中称：“中国经济快速发展推动贫困人口数量以‘史无前例’的速度和规模下降，预计2018年中国极端贫困率将降至1%以下。”从总体上看，中国减贫大致分为两个阶段，前一阶段为大力发展国家经济，通过长达30多年经济的高速增长，带动社会大多数人逐渐甩掉贫困的帽子。在新的阶段，针对一些地方的贫困现状，中国在给予种种优惠政策的同时，提出“精准扶贫、精准脱贫”的理念，本质上强调重视贫困问题的个性，而不是粗放式的“一盘棋”模式，个别地方甚至是一地一策。

南亚大国，印度自20世纪90年代以来，经济改革效果开始显现，经济增长逐步摆脱了长期在3%左右的速度。1991年进行经济改革后，印度已使超过1.38亿人脱贫，并带动南亚地区贫困人口比例不断下降。不过，虽然南亚地区经济总量增长较快，但人均产值仍然很低。2015年南亚的人均国内生产总值为1538.13美元，比撒哈拉以南非洲的1598.26美元更低，再加上较高的人口增长速度，致使人均收入增长较少，减贫进展缓慢。尽管到2015年，南亚完成了联合国提出的贫困人口减半目标，但该地区仍有超过3亿人衣难蔽体、食难果腹，约占世界极端贫困总人口的1/3，在亚太地区的减贫工作中处于落后地位。

数说

亚洲部分国家极端贫困率及基尼系数（基于每人每日1.9美元）

国家	极端贫困人口比例（%）		基尼系数	
	起始统计（年份）	最新统计（年份）	起始统计（1990）	最新统计（年份）
巴基斯坦	58.9（1990）	6.1（2013）	0.33	0.31（2013）
中国	66.6（1990）	1.4（2014）	0.35	0.42（2012）
印度	45.9（1990）	21.2（2011）	0.31	0.35（2011）
尼泊尔	61.9（1995）	15（2010）	0.38	0.33（2010）
印度尼西亚	58.8（1990）	6.5（2016）	0.33	0.4（2013）
老挝	32.6（1992）	22.7（2012）	0.3	0.36（2012）
马来西亚	1.3（1992）	0.3（2009）	0.48	0.46（2009）
菲律宾	26.6（1991）	10.7（2009）	0.44	0.4（2015）
泰国	9.4（1990）	0.2（2009）	0.45	0.38（2013）
越南	52.9（1992）	2.6（2014）	0.36	0.35（2014）
斯里兰卡	8.7（1990）	0.7（2016）	0.32	0.4（2016）

就不同国家来看，除中国外，印度尼西亚、越南和巴基斯坦也取得了令人瞩目的减贫成就，而印度和老挝的极端贫困率仍然居高不下。从20世纪90年代初到世界银行的最新统计年份，印度尼西亚、越南和巴基斯坦贫困发生率的下降幅度可观，印度尼西亚的极端贫困率从1990年的58.8%下降到2016年的6.5%，越南的极端贫困率从1992年的52.9%下降到2014年的2.6%，巴基斯坦的极端贫困率从1990年的58.9%下降到2013年的6.1%。而部分国家的贫困发生率依然居高不下，例如印度（2011年21.2%）和老挝（2012年22.7%）的极端贫困人口比例均超过总人口的1/5。

亚洲的贫困人口主要集中在农村。对较大程度依赖农业生产的发展中国家来说，农业经济的发展对减贫十分重要，否则高的经济增长率不一定能达到减贫的效果。尽管亚洲地区国家经济增长提高了人均收入水平，降低了贫困发生率，但是农村的贫困发生率始终高于城市，且农村减贫速度也低于城市。以印度尼西亚为例，2000年至2010年印度尼西亚的GDP（国内生产总值）增长率持续稳定在5%～6%，但总体来看，印度尼西亚农村地区的贫困程度要远远超过城市。自1996年起，印度尼西亚城乡贫困发生率一直相差7%左右。如2010年，印度尼西亚农村贫困发生率为17%，而城市贫困发生率仅为10%。虽然农业在印度尼西亚国民经济中长期占有重要地位，但却面临耕地流失、农业科技推广乏力、基础设施不足等问题，农业现代化进展缓慢。

问答

什么是基尼系数？

基尼系数是指国际上通用的、用以衡量一个国家或地区居民收入差距的常用指标，于1922年由意大利经济学家基尼提出。基尼系数介于0～1之间，一个国家或地区的基尼系数越低，表明该国家或地区居民的收入不平等程度越低，财富在社会成员之间的分配越均匀。

按照联合国有关组织规定，基尼系数若低于0.2表示收入绝对平均，0.2～0.3表示比较平均，0.3～0.4表示相对合理，0.4～0.5表示收入差距较大，0.5以上表示收入差距悬殊。通常把0.4作为收入分配差距的“警戒线”。

亚洲的分配不均问题同样不容忽视。亚洲是经济发展最具活力的地区之一，但地区内部分配不均现象日趋严重，尤其是医疗、教育、土地等方面的分配。有些增长不均衡是自然的、可以预期的，但也有一些因素是无法提前预知的，如政策的不完善。城乡之间、国内发达地区和落后地区之间，以及受教育程度不同家庭之间收入增长的不均等，也是造成分配不均加剧的重要原因。据亚洲开发银行分析报告，1993年，90%的分配不均来自国家内部分配不均，逐渐地，国家间的分配不均现象粉墨登场，使整个亚洲地区的分配不均现象不断扩大。1990年以来，中国、印度、印度尼西亚、老挝和斯里兰卡等国的基尼系数均有较大幅度上升，表明贫富差距扩大，大部分的财富掌握在少数人的手里；只有少数国家，例如巴基斯坦、尼泊尔、马来西亚、菲律宾、泰国和越南等国家的基尼系数有所下降，收入不均现象得以改善。目前很多亚洲国家的基尼系数仍在0.4以上，其中中国、印度尼西亚、马来西亚、菲律宾和斯里兰卡的基尼系数偏高，贫富较为悬殊。

4 长路漫漫　上下求索
——中国减贫事业的发展阶段与脱贫攻坚思路

“创新中国特色扶贫开发理论。深刻领会习近平总书记关于新时期扶贫开发的重要战略思想，系统总结我们党和政府领导亿万人民摆脱贫困的历史经验，提炼升华精准扶贫的实践成果，不断丰富完善中国特色扶贫开发理论，为脱贫攻坚注入强大思想动力。”2015年11月召开的中央扶贫开发工作会议颁布《中共中央 国务院关于打赢脱贫攻坚战的决定》，指出了建构中国特色扶贫开发理论的重要意义。近几年来，我国在脱贫攻坚“最后一公里”，不断实施逢山开路、遇河架桥的突破性举措，正是体现了我国扶贫开发理论的实践底色与刀过竹解的雄健精神。

4.1 实现减贫分段进行，复杂艰苦不断摸索

减贫事业不是一蹴而就的，而是分阶段实现的，是一个由低级向高级不断发展的过程，不同发展阶段对应不同发展战略。我国扶贫开发自20世纪70年代末正式启动以来，发展战略不断变化，演进历史大致可分为以下五个阶段。

4.1.1 农村经济改革和小规模区域扶贫阶段（1978—1985年）

起步阶段最平稳，探索前进勇尝试。此阶段的减贫战略是通过农村经济体

制变革推动减贫。推行以家庭联产承包责任制为基础的经营体制，提高农产品价格以改善农业交易条件，从而实现全面经济增长并减缓农村贫困。

1978年以前，由于农业经营体制不适应社会生产力的发展要求，全国有大量人口处于贫困状态。为缓解贫困，从1978年年底开始，中国农村开展了以家庭联产承包责任制为中心的体制改革。农村经济体制的变革，为我国农村经济的增长和贫困人口的减少注入了强劲动力。通过这一改革，土地的使用权、管理权及投资权重新回到农民手中，极大地调动了广大农民的生产积极性，从而使得生产效率大幅提高。同时由于政府有计划地提高了农产品价格，改善了农业交易条件，使得农民收入迅速提高，这些举措大大缓解了农村贫困问题。

经济体制改革和扶贫专项计划极大地缓解了我国农村的贫困状况，取得了可喜的扶贫成效，贫困人口从1978年的2.5亿人减少至1985年的1.25亿人，贫困发生率下降至14.8%。

4.1.2 大规模有针对性扶贫阶段（1986—1993年）

发展阶段最强势，针对扶贫重改革。此阶段的扶贫手段主要是大规模、有计划的扶贫开发，通过成立扶贫工作机构、安排专项资金、制定优惠政策等宏观经济政策以缓解农村贫困。

随着市场经济体制改革的逐步完善，经济增长的减贫效应逐渐减弱，并且使得地区间、农户间的绝对收入差距增大。因此，20世纪80年代开始，中国政府决定在一些发展缓慢的地区，针对一部分生活条件非常困难的群众，进行有组织、有计划的大规模扶贫开发工作。这一阶段的工作目标是尽快减少贫困人口集中地区的贫困人口数量。1986年国务院成立了贫困地区经济开发领导小组，放宽了地区间农民迁移的限制，大力支持和引导劳动密集型产业的发展。与此同时，国家正式确立了以开发式扶贫代替救济式扶贫的方针。

由于扶贫覆盖面积的扩大以及宏观经济调控政策的实施，该阶段的扶贫成效显著。截至1993年年底，我国农村贫困人口减少至8 000万人，贫困发生率下降至8.7%。

4.1.3 八七扶贫攻坚阶段（1994—2000年）

巩固阶段最艰难，方式策略须转变。此阶段始于1994年《国家八七扶贫攻坚计划（1994—2000年）》（以下简称“八七计划”）的公布。八七计划明确指出：要求集中人力、物力、财力，在七年的时间中，解决8 000万农村贫困人口的温饱问题。这一计划的提出意味着我国的扶贫开发进入了最艰难的攻坚阶段。

这一阶段我国的扶贫工作发生了深刻的变化。在资金投入方面，中央政府大幅度增加了扶贫开发投入，1995年至1999年期间，扶贫贴息贷款、以工代赈和发展资金三大扶贫项目的资金投入增加了1.63倍。在扶贫机制方面，明确了资金、任务、权利、责任“四个到省”的扶贫工作责任制，建立了东部沿海与西部欠发达地区的扶贫协作机制。在宏观经济政策方面，政府提出了关于加快促进中西部地区经济发展的计划。

实践证明，扶贫到户与宏观政策的组合对缓解农村贫困产生了极大的积极作用。截至2000年年底，我国农村贫困人口下降至3 000万人，贫困发生率下降至3%左右。

解读

国家八七扶贫攻坚计划（1994—2000年）

1994年4月中共中央、国务院颁布了《国家八七扶贫攻坚计划（1994—2000年）》。八七计划是新中国历史上第一次有明确目标、明确对象、明确措施和明确期限的扶贫开发行动纲领。八七计划提出，要继续坚持开发式扶贫的方针，鼓励贫困地区广大干部、群众发扬自力更生、艰苦奋斗的精神，在国家的扶持下，以市场需求为导向，依靠科技进步，开发利用当地资源，发展商品生产，解决温饱进而脱贫致富。到2000年年底，八七计划目标基本实现，农村尚未解决温饱问题的贫困人口减少到3 000万人，贫困发生率下降到3%左右。在短短20多年时间里，我国解决了2亿多贫困人口的温饱问题，这在中国历史上和世界范围内都是了不起的成就，充分体现了中国特色社会主义制度的优越性。

4.1.4 农村扶贫开发纲要实施阶段（2001—2010年）

转型阶段最精准，明确对象择重点。此阶段以《中国农村扶贫开发纲要（2001—2010年）》的出台为主要标志。八七计划完成后，我国农村贫困人口大致呈分散状分布，主要分布在生存环境条件恶劣的山区以及少数民族聚居区，并且贫困户还多以丧失劳动力的老、弱、病、残群体为主，开发式扶贫已然不是帮助此类群体脱贫的有效手段。如果仍以贫困县作为扶贫的基本瞄准单

解读

中国农村扶贫开发纲要（2001—2010年）

2001年6月，国务院印发了《中国农村扶贫开发纲要（2001—2010年）》。纲要提出，我国2001—2010年扶贫开发总的奋斗目标是：尽快解决少数贫困人口温饱问题，进一步改善贫困地区的基本生产生活条件，巩固温饱成果，提高贫困人口的生活质量和综合素质，加强贫困乡村的基础设施建设，改善生态环境，逐步改变贫困地区经济、社会、文化的落后状况，为达到小康水平创造条件。

位，大量的农村贫困人口很难从政府的扶贫投资中受益。因此，2001年中共中央、国务院出台的《中国农村扶贫开发纲要（2001—2010年）》明确指出：要把贫困地区尚未解决温饱问题的贫困人口作为扶贫开发的首要对象；同时，继续帮助初步解决温饱问题的贫困人口增加收入，进一步改善生产生活条件，巩固扶贫成果。在这一时期，我国扶贫事业取得显著成效，按照现行每人每年2 300元的国家贫困标准，全国农村贫困人口减少了2.9亿人，是1978年以来中国减贫速度最快的时期。

4.1.5 精准脱贫攻坚阶段（2011年至今）

决胜阶段最关键，冲锋时刻愈奋勇。《中国农村扶贫开发纲要（2011—2020年）》的发布意味着我国的扶贫工作正式进入精准脱贫的攻坚阶段。“到2020年，稳定实现扶贫对象不愁吃、不愁穿，保障其义务教育、基本医疗和住房”，这是党和政府向人民做出的庄严承诺。以我国现行的每人每年纯收入2 300元（2010年为价格基期）贫困标准计算，2011年年底我国大约还有1.22亿农村贫困人口。精准扶贫政策的实施是帮助这部分贫困人口实现脱贫的关键。精准扶贫，不仅要做到项目扶贫、技术扶贫、资金扶贫，更要做到政策倾斜扶贫、精神慰藉扶贫、思想教育扶贫、环境改善扶贫、教育均衡扶贫。结合我国贫困状况的具体实情，目前逐渐形成了以整村推进、社会扶贫、科技扶贫、产业扶贫、搬迁扶贫等为主的中国式扶贫模式。这一阶段农村贫困人口大幅减少，连片贫困地区的贫困人口逐步脱贫，农民自身的能力得到发展，农民的收入显著提高。到2018年，我国农村贫困人口下降到1 660万人，贫困发生率下降到1.7%。

回顾30年来中国农村的扶贫开发历程，在党中央、国务院高度重视和正确领导下，经过贫困地区广大干部群众的积极努力，我国扶贫开发工作取得了巨大的历史性成就，一方面解决了2亿多农村贫困人口的温饱问题，为我国进一步全面建成小康社会奠定了基础；另一方面明显改善了贫困地区的生态环

解读

中国农村扶贫开发纲要（2011—2020年）

2011年12月，中共中央、国务院印发了《中国农村扶贫开发纲要（2011—2020年）》，作为今后一段时间内我国扶贫开发的纲领性文件，同时要求各级党委、政府部门认真贯彻落实。纲要提出，未来10年农村扶贫开发工作目标是“到2020年，稳定实现扶贫对象不愁吃、不愁穿，保障其义务教育、基本医疗和住房”。这一目标反映了我国当前的扶贫形势从以往的解决温饱为中心向保证贫困人口有较高的生活质量转变，扶贫工作由狭义的开发式扶贫进入广泛的大扶贫领域。

境，促进了贫困地区教育、科技、卫生、文化等社会事业的发展以及基础设施的完善。中国扶贫开发所取得的成就，不仅为中国的现代化发展创造了条件，而且为世界反贫事业做出了重要贡献。

4.2 脱贫攻坚思路革新，独具特色再献智慧

4.2.1 脱贫攻坚新思路

根据“十三五”时期所处的发展阶段和贫困特点，我国扶贫攻坚思路调整为以深化精准扶贫、创新和完善机制为主的新思路。具体表现在以下三个方面。

1. 精准化扶贫为主，发展式扶贫为辅 随着贫困状况的不断改善，我国贫困人口越来越向那些因长期疾病、残疾或其他原因导致家庭缺乏劳动力的人

口集中，相对贫困问题突出，同时，贫困人口越来越分散。由于经济增长主要通过增加劳动人口的收入来减少家庭成员的贫困，对缺乏劳动能力的贫困人口来说，经济增长所能发挥的效力十分有限，那种单靠经济发展来大量减少贫困人口的时代已经过去，因此我国的扶贫思路已经逐步从区域性的开发式扶贫转变为针对性的精准化扶贫。此外，在少数贫困人口相对比较集中的地区，仍然注重发挥区域发展的减贫作用，并将区域性的经济发展策略作为必要的补充。

2．扩大救助式扶贫范围，建立以社会保障为基准的扶贫新机制　我国贫困人口越来越集中于那些缺乏劳动能力的人口，开发潜力十分有限，开发式扶贫将难有成效。对于这样的贫困户，只能通过有效的识别机制，将他们纳入社会救助范围。因此根据贫困户开发潜力的不同，我国针对贫困户和低收入户的扶贫工作充分衔接了扶贫和低保，将低收入农户中的可开发对象和无开发潜力农户分离、分类帮扶，扩大了救助式扶贫范围。

3．以能力建设为主，产业发展等为辅，提升农户发展能力　根据阿马蒂亚·森提出的可行能力理论，反贫困的关键是要提高人的可行能力，特别是对贫困和弱势人群，下一代人发展意识和能力的培养有助于切断家庭贫困代际传递的机制，打破家庭贫困代际传递的恶性循环。因此我国精准化的开发式扶贫在内容上也有所侧重，重点加大了对贫困人口可行能力的开发，包括对当代劳动力的职业教育与技能培训，和对下一代人的素质教育，提升他们的发展能力。同时，通过确立主导产业、建立生产基地、提供优惠政策、扶持龙头企业等方式，为贫困者提供就业机会，增加其收入，促进其生活水平的改善。

4.2.2 精准扶贫新理念

目前我国的扶贫工作已经取得了很大成就，有条件脱贫的贫困群体都在不同程度上摆脱了绝对贫困，但由于扶贫对象的基础较差并且规模庞大，因病、因灾致贫返贫现象还时有发生，扶贫开发的“硬骨头”仍然存在。在这种情况下，国家提出了精准扶贫理念。

拓展阅读

精准扶贫理念的提出

精准扶贫理念是2013年11月习近平总书记在湖南省湘西土家族苗族自治州花垣县排碧乡十八洞村进行考察时提出的，习总书记指出："发展是甩掉贫困帽子的总办法，贫困地区要从实际出发，因地制宜，把种什么、养什么、从哪里增收想明白，帮助乡亲们寻找脱贫致富的好路子。"随后，中共中央办公厅印发的《关于创新机制扎实推进农村扶贫开发工作的意见的通知》，以及国务院扶贫办等出台的《关于印发〈建立精准扶贫工作机制实施方案〉的通知》和《关于印发〈扶贫开发建档立卡工作方案〉的通知》等文件，都对精准扶贫工作模式的设计、布局和工作机制等做了详尽规划，此后精准扶贫成为新时期扶贫工作的重点内容。

精准扶贫理念的实质就是针对不同贫困区域环境、不同贫困农户状况，在扶贫工作中实现扶贫主体的精确识别、精确帮扶、精确管理，以高效开展扶贫工作并取得减贫脱贫成果。精准扶贫理念的核心要义是精准化。扶贫工作贵在看真贫、扶真贫、真扶贫。精准扶贫理念的基础工具是分批分类。习近平总书记在2015年详细论述了其分批分类扶贫理念，并概括为"五个一批"，即"发展生产脱贫一批，易地搬迁脱贫一批，生态补偿脱贫一批，发展教育脱贫一批，社会保障兜底一批"。精准扶贫极大丰富和完善了中国特色扶贫开发政策，切实保障了资源的精确化配置以及人口的精细化管理，实现了扶贫模式从大水漫灌到精准滴灌的转变。

5 继往开来 再创新局
——党的十八大以来我国脱贫攻坚的策略

5.1 精准扶贫，战略转型

改革开放以来，我国开始进行有规模、有计划、有组织的扶贫开发工作，取得了巨大成就，农村贫困人口大幅减少，收入水平稳步提高，贫困地区基础设施明显改善，社会公共事业不断进步，最低生活保障制度逐步建立，农村贫困人口温饱问题基本解决。随着扶贫开发工作不断深入和社会经济环境出现变化，我国大规模扶贫开发进入了脱贫攻坚新阶段，过往的扶贫开发方式产生了一些现实问题。

首先是贫困居民底数不清。在宏观层面，2014年年底全国农村贫困人口7 017万的数字是由国家统计局根据全国7.4万户农村住户调查样本数据推算出来的，推算方法是先计算出人均纯收入低于2 800元的农户占总样本的比例，再将这一比例乘以全国农村人口总数。这一数字可以反映我国农村贫困人口总体规模和趋势，但在具体工作中会存在针对性缺失问题。在微观层面，对于各省市的贫困人口，国家将统计数字分解到地方，由地方政府在指标控制的前提下对当地贫困人口进行估计，缺乏贫困农户具体的收入和支出数据，无法准确识别贫困人口，并且各省市乃至全国没有建立扶贫信息系统。因此，在扶贫开发工作中出现诸多盲点，一些贫困人口没有得到帮扶。

其次是贫困原因情况不明。贫困人口的致贫原因多种多样，有缺少致富门路、缺少发展资金、家庭成员罹患重病或子女上学导致负担较重、地区自然灾害频发等。由于缺乏对贫困人口的精准识别，缺乏对贫困人口致贫原因的了解，扶贫资金出现“天女散花”“大水漫灌”的局面，扶贫项目更多的是在“扶农”而不是“扶贫”。扶贫资金和项目难以瞄准贫困人口的致贫原因，浪费了国家扶贫资源，扶贫资金使用和项目安排的有效性亟待提高。

最后是帮扶针对性不强。党的十八大之前，扶贫开发工作的主要特点是区域瞄准，以开发特定贫困区域为扶贫手段，使大量贫困人口受益。但是随着社会经济环境变化，特别是收入差距拉大，以区域开发为手段的扶贫方式出现了

声音

区域扶贫与精准扶贫

傅帅雄（北京大学光华管理学院），蔡之兵（国家行政学院经济学教研部）：区域扶贫的对象是连片特困区域，因而是面上的、宏观的、整体的扶贫；精准扶贫强调精准到村、精准到户、精准到人，更注重点上的、微观层面的、个体的对象。其主要联系在于二者是相互支撑、互为前提的。区域扶贫在本质上属于区域协调发展政策的一种，它能采取的手段不仅包括各种扶贫措施，而且包括一系列区域发展措施，具体来说包括建设高速交通网络、完善农业水利设施、提升教育医疗卫生等公共服务水平等。这些措施不仅能为实施精准扶贫奠定良好基础，而且能进一步提高扶贫效果。精准扶贫则要求对扶贫资源进行精确配置、对扶贫对象实施精准扶持。只有从精准入手，才能逐一解决贫困群众的脱贫问题，才能在区域扶贫的支持下帮助贫困群众从根本上摆脱贫困。

资料来源：人民日报，2017年2月23日。

目标偏离和效果下降的问题。以扶贫搬迁工程为例，对于居住在边远山区、地质灾害隐患区的贫困户，移民搬迁是较好的出路，但是由于补助资金、配套政策较少，享受扶贫资金补助搬出来的多是经济条件相对较好，有能力搬出来，并且在新居住地工作生活的农户，贫困特别是最贫困的农户无法承担建造新居和搬迁的费用，也难以在新居住地立足。同样，新村扶贫、产业扶贫、劳务扶贫等项目也出现了中高收入农户受益较多，极度贫困农户受益相对较少的情况。

面对过往扶贫开发工作针对性缺失的问题，2013年11月，习近平总书记在湖南省湘西土家族苗族自治州十八洞村考察时指出“扶贫要实事求是，因地制宜。要精准扶贫，切忌喊口号，也不要定好高骛远的目标”，首次正式提出了针对不同贫困区域环境、不同贫困农户状况，运用科学有效程序对扶贫对象实施精确识别、精确帮扶、精确管理的精准治贫方式。2014年，习近平总书记进一步提出精细化管理、精确化配置、精准化扶持等精准扶贫理念。2015年6月，习近平总书记在贵州主持召开集中连片特困地区扶贫攻坚座谈会时，对精准扶贫工作提出了“切实落实领导责任、切实做到精准扶贫、切实强化社会合力、切实加强基层组织”的“四个切实”具体要求。2015年11月，习近平总书记在中央扶贫开发工作会议上发表重要讲话，全面部署“十三五”脱贫攻坚任务目标，系统阐述和正式提出了“扶持对象精准、项目安排精准、资金使用精准、措施到户精准、因村派人精准、脱贫成效精准”的“六个精准”基本要求，以及“发展生产脱贫一批、易地搬迁脱贫一批、生态补偿脱贫一批、发展教育脱贫一批、社会保障兜底一批”的“五个一批”精准扶贫精准脱贫新理念，进一步完善了精准扶贫、精准脱贫的基本方略。

习近平总书记精准扶贫、精准脱贫理论在实践中不断丰富和发展。2016年7月，习近平总书记在银川主持召开东西部扶贫协作座谈会，提出东西部协作的精准扶贫、精准脱贫新战略，强调要认清形势、聚焦精准、深化帮扶、确保实效，切实做好新形势下东西部扶贫协作工作。2017年2月，习近平总书记在中共中央政治局第三十九次集体学习时再次部署脱贫攻坚工作，强调“言必信，行必果”，提出了强化领导责任、强化资金投入、强化部门协同、强化东西协作、强化社会合力、强化基层活力、强化任务落实的“七个强化”重要论述，同时总结了脱贫攻坚的“五点经验”，即加强领导是根本、把握精准是要义、增加投入是保障、各方参与是合力、群众参与是基础。“七个强化”“五点经验”再次为实现精准扶贫、精准脱贫吹响了冲锋号。

精准扶贫、精准脱贫，实现共同富裕，是社会主义的本质要求。习近平总书记曾指出：“消除贫困、改善民生、实现共同富裕，是社会主义的本质要求，是我们党的重要使命。”实施精准扶贫、助力全面小康不仅是当今我国经济社会发展的重大战略，也是对人民的一项庄严承诺。

为贯彻习近平总书记关于对精准扶贫的要求，2013年12月，中共中央、国务院印发了《关于创新机制扎实推进农村扶贫开发工作的意见》，意见中提出了6项创新工作机制、进行扶贫开发工作战略转型的意见。2015年11月，颁布了《中共中央 国务院关于打赢脱贫攻坚战的决定》，对扶贫开发工作提出了总体目标：“到2020年，稳定实现农村贫困人口不愁吃、不愁穿，义务教育、基本医疗和住房安全有保障。实现贫困地区农民人均可支配收入增长幅度高于全国平均水平，基本公共服务主要领域指标接近全国平均水平。确保我国现行标准下农村贫困人口实现脱贫，贫困县全部摘帽，解决区域性整体贫困。”该决定中要求“健全精准扶贫工作机制，发展特色产业脱贫，引导劳务输出脱贫，实施易地搬迁脱贫，结合生态保护脱贫，着力加强教育脱贫，开展医疗保险和医疗救助脱贫，实行农村最低生活保障制度兜底脱贫，探索资产收益扶贫，健全留守儿童、留守妇女、留守老人和残疾人关爱服务体系”，并对精准扶贫提出了纲领性的要求，将“六个精准”写进政策文件中。

2016年11月，国务院又颁布了《“十三五”脱贫攻坚规划》，将精准扶贫工作落到实处。规划中提出了“坚持精准扶贫、精准脱贫，坚持全面落实主体责任，坚持统筹推进改革创新，坚持绿色协调可持续发展，坚持激发群众内生动力活力”5项基本原则，确定了“现行标准下农村建档立卡贫困人口实现脱贫，建档立卡贫困村有序摘帽，贫困县全部摘帽”的3大脱贫目标，并要求开展“产业发展脱贫，转移就业脱贫，易地搬迁脱贫，教育扶贫，健康扶贫，生态保护扶贫，兜底保障，社会扶贫”8项具体工作。

数说

“十三五”时期贫困地区发展和贫困人口脱贫主要指标

指标	2015年	2020年	属性	数据来源
建档立卡贫困人口（万人）	5630	实现脱贫	约束性	国务院扶贫办
建档立卡贫困村（万个）	12.8	0	约束性	国务院扶贫办
贫困县（个）	832	0	约束性	国务院扶贫办
实施易地搬迁扶贫人口（万人）	—	981	约束性	国家发改委、国务院扶贫办
贫困地区农民人均可支配收入增速（%）	11.7	年均增速高于全国平均水平	预期性	国家统计局
贫困地区农村集中供水率（%）	75	≥83	预期性	水利部
建档立卡贫困户存量危房改造率（%）	—	近100	约束性	住房城乡建设部、国务院扶贫办
贫困县义务教育巩固率（%）	90	93	预期性	教育部
建档立卡贫困户因病致（返）贫户数（万户）	838.5	基本解决	预期性	国家卫生计生委
建档立卡贫困村村集体经济年收入（万元）	2	≥5	预期性	国务院扶贫办

数据来源：《“十三五”脱贫攻坚规划》。

为实现精准扶贫、精准脱贫，党和国家对扶贫开发、脱贫攻坚工作做出了一系列决策安排，形成了新阶段中国特色精准扶贫的重大、系统、完整的战略部署。较之以往的扶贫开发工作，精准扶贫强调根据不同的外部环境和贫困程度，实施相应的扶贫政策和扶贫力度，从以往规划到村、责任到县发展到现在的扶贫资金到村到户、扶贫政策到户到人，在实施过程中首先要对贫困人口进行识别，分析致贫原因，因户施策、因人施策，将扶贫资源进行有效整合，进而实施精确帮扶、管理及考核，不仅强调政策统筹，更强调政策的差异性、针对性和特殊性。精准扶贫重大战略将有效抵消经济发展减贫效应减弱的影响，成为未来中国农村扶贫的主要方式。

5.2 高屋建瓴，统筹安排

党的十八大在制定精准扶贫战略中始终围绕“精准”这个核心，贯穿整个扶贫开发工作全过程。具体来看可以概括为三个方面：精准识别、精准帮扶、精准管理，也就是要解决“扶持谁”“谁来扶”“怎么扶”“如何退”等一系列容易造成针对性缺失的问题。

问答

精准扶贫主要解决哪些问题?

扶持谁?——精准识别：瞄准扶贫对象

谁来扶?——精准聚力：明确扶贫主体

怎么扶?——精准施策：确定脱贫路径

如何退?——精准退出：完善退出机制

1. 精准识别　精准识别就是要解决以往扶贫开发工作中存在的贫困区域、贫困户识别不清问题。我国已经解决了贫困人口的生存与温饱问题，绝对贫困人口数量大大减少，但是相对贫困人口仍大量存在，难以识别。为解决这一问题，基层组织通过民主、科学和透明的程序将低于国家贫困线的家庭和人口识别出来，同时对每个贫困村、每户贫困户建档立卡，建设全国扶贫信息网络系统，了解每户贫困户状况，分析致贫原因，摸清帮扶需求，建立贫困人口的详细数据。精准识别就是要在已确定的贫困标准下，识别出最贫困、最需要扶持的人口，解决好“扶持谁”的问题。

2. 精准帮扶　精准帮扶需要解决“谁来扶”和“怎么扶”的问题。

首先是在精准识别的基础上，根据贫困家庭的致贫原因，明确帮扶主体，确保每个贫困村都有驻村工作队（组），每户贫困户都有帮扶责任人。帮扶责任人在帮扶过程中利用可以动员的人力、物力和财力，集中力量帮助贫困村和贫困户脱贫致富。扶贫开发工作落实到地方、基层和个人，协调各方力量，形成合力，帮助贫困人口摆脱贫困。

其次是根据致贫原因和脱贫需求，对贫困人口实行分类扶持，逐村逐户制定帮扶措施。精准扶贫下的帮扶需要结合贫困村与贫困户的现实情况，在尊重当地实际情况的基础上开展扶贫工作，这是对以往重视整体而不重视特殊性的区域性扶贫开发方式的进一步发展与优化。精准帮扶是精准扶贫的重要内容，要求帮扶责任人在扶贫开发工作中要因地制宜、因户因人而异，因致贫原因和类型不同采取有针对性的扶贫措施，消除致贫的关键因素和脱贫的关键障碍，达到目标和效果的精确性。

3. 精准管理　首先是根据精准扶贫工作的成效对建档立卡贫困村、贫困户和贫困人口定期进行全面核查，建立精准扶贫台账，实行有进有出的动态管理。运用信息化手段，通过贫困户关键指标的统计与分析，动态化管理贫困户，根据贫困户状况的实际变化，及时识别出新的贫困家庭和人口，同时将已经脱贫的家庭和人口调整出去，保持精准扶贫的有效性。精准管理不仅明确对贫困户扶贫效果的管理，也包括对国家扶贫开发工作重点县退出的管理，从宏观和微观两个层面管理扶贫效果。

其次是针对地方政府、基层政府和个人等帮扶主体的精准扶贫施政效果进行精准管理。“加强对扶贫工作绩效的社会监督，开展贫困地区群众扶贫满意度调查，建立对扶贫政策落实情况和扶贫成效的第三方评估机制。评价精准扶贫成效，既要看减贫数量，更要看脱贫质量，不提不切实际的指标，对弄虚作假搞‘数字脱贫’的，要严肃追究责任”。上级扶贫部门可以利用贫困人口信息系统，及时、清晰地了解下级扶贫部门在扶贫开发工作中的精准性与认真态度，及时查看扶贫资金和项目的使用与落实情况，依靠扶贫工作的内容和指标对地方干部进行考核。也就是说，在精准扶贫的制度框架下，针对扶贫工作的考核将更加具体、细致和深入。精准管理扶贫施政效果是为了督促贫困地区政府、个人等帮扶主体将精准扶贫作为工作重点，监督与管理扶贫开发项目，推动工作进展，监督扶贫资金使用。扶贫施政效果的精准管理将改变以往农村扶贫考核的形式化问题，通过量化考核，精准评价不同层级扶贫部门的工作成效，同时建立相应的激励机制，充分调动驻村干部扶贫开发工作的积极性，保持扶贫开发工作的必要压力和动力。

5.3 众志成城，落实工作

为了实现2020年全面建成小康社会的奋斗目标，落实国家精准扶贫战略，国务院颁布了一系列政策，将精准扶贫落到实处，以更加明确的目标、更加有力的举措、更加有效的行动，深入实施精准扶贫、精准脱贫，促进农村发展，让贫困群众真正得到实惠。

5.3.1 制度优势，群策群力

贫穷不是社会主义，让广大人民群众走出贫困、奔向共同富裕，共享改革发展的成果，是中国特色社会主义制度优越性的集中体现，要坚持社会主义道路，就要摆脱贫困落后的状态。而广泛动员全社会力量共同参与扶贫开发，是我国扶贫开发工作取得伟大成就的成功经验，是中国特色扶贫开发道路的重要特征。精准扶贫、脱贫攻坚，实现农村贫困人口脱贫，体现了中国特色社会主义的本质要求和中国特色社会主义制度的优越性。

2017年1月，习近平总书记在新年贺词中发出心声："新年之际，我最牵挂的还是困难群众。"2017年10月，习近平总书记在中国共产党第十九次全国代表大会上再次提出"要坚决打赢脱贫攻坚战"，号召全党全国全社会力量广泛参与到扶贫开发、脱贫攻坚工作当中。言语之间，无不透露着习总书记号召全社会广泛参与扶贫开发活动，如期实现2020年全部脱贫的美好愿景。

为动员社会各方力量参与扶贫开发工作，全面推进社会扶贫体制机制创新，2014年国务院颁发了《关于进一步动员社会各方面力量参与扶贫开发的意见》，动员全社会力量在"坚持政府引导、坚持多元主体、坚持群众参与、坚持精准扶贫"的原则下参与扶贫开发工作。要求各级政府通过"大力倡导民营企业扶贫，积极引导社会组织扶贫，广泛动员个人扶贫，深化定点扶贫工作，强化东西部扶贫协作"的方式培育多元社会扶贫主体，在"开展扶贫志愿行动，打造扶贫公益品牌，构建信息服务平台，推进政府购买服务"的基础上创新各种参与机制和方式，形成政府、市场、社会协同推进的大扶贫格局。国务院颁布的《"十三五"脱贫攻坚规划》中对社会扶贫做出了定点帮扶、企业帮扶、军队帮扶、社会组织和志愿者帮扶四个层次的具体安排，要求中央各单位，军队，省、市、县三级党委政府组织党政机关、企事业单位开展定点帮扶工作。

解读

三大企业扶贫重点工程

1. 中央企业定点帮扶贫困革命老区“百县万村”活动。
2. 同舟工程。
3. “万企帮万村”精准扶贫行动。

两大社会工作专业人才和志愿者帮扶行动计划

1. 社会工作专业人才服务贫困地区系列行动计划。
2. 脱贫攻坚志愿服务行动计划。

5.3.2 建档立卡，帮扶到户

建档立卡与信息化建设是精准扶贫方略的基础。国务院扶贫办制定了《扶贫开发建档立卡工作方案》，要求各级扶贫工作部门和工作人员应明确贫困户、贫困村识别标准、方法和程序，由国务院扶贫办负责省级相关人员培训、督促检查、考核评估等工作；各省（自治区、直辖市）根据国家统计局确定的分省（自治区、直辖市）和分片区贫困人口规模，按照《扶贫开发建档立卡工作方案》中确定的贫困人口、贫困村规模分解和控制办法，负责将贫困人口、贫困村规模逐级向下分解到村到户，并负责市县两级相关人员培训、专项督查等工作；县级负责贫困户、贫困村的确定，并组织乡（镇）村两级做好建档立卡工作。

与建档立卡工作同时开展的还有扶贫开发信息化系统建设。国务院扶贫办制定和组织实施全国扶贫开发信息化建设规划和建设方案，制定标准规范，整合扶贫办内原有信息系统，建设统一的应用软件系统。各省（自治区、直辖市）、市（区）、县（区）负责设备购置、人员配备、数据采集和更新等工作。通过信息化建设，引导各项资源向贫困户和贫困村精准配置，提高扶贫开发工作的针对性和有效性。

帮扶到户是精准扶贫的一项新举措，对促进贫困农户脱贫致富具有重要意义。过往的扶贫开发工作在部分集中连片贫困区和部分农户得到了落实，但是随着扶贫开发工作的深入，国家或地方实行的扶贫活动虽然可能“进了村”，但是并未真正“入了户”，实施效果不甚理想。为提高扶贫开发工作的科学性、针对性、有效性，解决扶贫开发工作“最后一公里”问题，党中央、国务院对扶贫开发工作提出了帮扶到户的新要求，主要包括扶贫主体到户、扶贫资金到户、项目措施到户三方面内容。要求各地扶贫开发工作建立长效的驻村工作队（组）制度，为每个贫困户安排帮扶责任人，确保每个贫困户都有帮扶责任人；扶贫资金的分配与建档立卡工作相衔接，扶贫资金的使用与精准扶贫工作相对接，扶贫资金的管理下放至县级政府，资金使用方式由县乡政府根据实际情况自主确定，中央和省级政府负责监督、检查、考核和评估，达到充分激发扶贫对象内生发展动力的良好效果；根据建档立卡贫困户、贫困村的各类致贫原因以及现实情况，制定有效、可行的扶贫措施，做到因村因户帮扶。

拓展阅读

贫困户建档立卡的9个步骤

第一步：规模分解。按照《贫困人口规模分解参考方法》，各省将报国务院扶贫办核定后的贫困人口识别规模逐级分解到行政村。

第二步：初选对象。在县扶贫办和乡镇人民政府指导下，按照分解到村的贫困人口规模，农户自愿申请，各行政村召开村民代表大会进行民主评议，形成初选名单，由村委会和驻村工作队核实后进行第一次公示，经公示无异议后报乡镇人民政府审核。

第三步：公示公告。乡镇人民政府对各村上报的初选名单进行审核，确定全乡（镇）贫困户名单，在各行政村进行第二次公示，经公示无异议后报县扶贫办复审，复审结束后在各行政村公告。

第四步：结对帮扶。在省级人民政府指导下，各县应统筹安排有关帮扶资源，研究提出对贫困户结对帮扶方案，明确结对帮扶关系和帮扶责任人。

第五步：制订计划。在乡镇人民政府指导下，由村委会、驻村工作队和帮扶责任人结合贫困户需求和实际，制订帮扶计划。

第六步：填写手册。在县扶贫办指导下，由乡镇人民政府组织村委会、驻村工作队和大学生志愿者对已确定的贫困户填写《扶贫手册》。

第七步：数据录入。在县扶贫办指导下，乡镇人民政府组织村委会、驻村工作队和大学生志愿者等将《扶贫手册》录入全国扶贫信息网络系统，并进行数据审核。《扶贫手册》由国务院扶贫办统一监制，各县负责制发，贫困户、村委会各执一册。

第八步：联网运行。由各省扶贫办负责，将录入数据在本省内试运行。

第九步：数据更新。贫困户信息要及时更新，并录入全国扶贫信息网络系统，实现贫困户动态调整。

5.3.3 医疗健康，保障兜底

对于处于脱贫攻坚进程中的农户来说，健康的人力资本是其脱贫致富的基本保证。贫困户由于收入较低对医疗健康的投入较少，或者家庭成员罹患重病，往往形成了贫病交加的状态，陷入“健康差—收入低—更贫困—健康差”的恶性循环之中。国务院颁布的《“十三五”脱贫攻坚规划》，要求各级政府通过“加强医疗卫生服务体系建设，深化医药卫生体制改革，强化人才培养培训，支持中医药和民族医药事业发展”的方式提升贫困地区医疗卫生服务能力，通过“降低贫困人口大病、慢性病费用支出，实行贫困人口分类救治”的方式提高贫困户医疗保障水平，通过“加大传染病、地方病、慢性病防控力度，全面提升妇幼健康服务水平，深入开展爱国卫生运动”的方式加强贫困地区疾病预防控制能力和保障贫困户公共卫生，并且该规划中具体安排了六项健康扶贫工程。

解读

六项健康扶贫工程

1. 城乡居民基本医疗保险和大病保险。
2. 农村贫困人口大病慢性病救治。
3. 全国三级医院与贫困县县级医院“一对一”帮扶行动。
4. 贫困地区县乡村三级医疗卫生服务网络标准化建设工程。
5. 重特大疾病医疗救助行动。
6. 医疗救助与基本医疗保险、大病保险等“一站式”结算平台建设。

兜底保障制度主要针对农村贫困人口中条件最差、底子最薄、难度最大，无法通过帮扶措施脱贫的群体，是保障贫困户基本生活的“安全网”，在扶贫开发工作中发挥兜底作用，确保农村贫困人口到2020年如期顺利脱贫。2015年11月，在中央扶贫开发工作会议上，习近平总书记要求在新阶段的扶贫开发工作中实施“五个一批”工程，明确要求对贫困人口中完全或部分丧失劳动能力的人进行社会保障兜底，充分发挥社会救助、社会保险和社会福利三大保障体系的兜底保障作用，守护扶贫开发工作成果，促使贫困人口全面脱贫。《“十三五”脱贫攻坚规划》中要求各级政府完善农村低保、特困人员救助供养等社会救助制度，统筹社会救助资源，健全社会救助体系；逐步提高贫困地区基本养老保障水平；健全农村“三留守”（儿童、老人、妇女）人员和残疾人关爱服务体系，实现社会保障兜底。特别强调了农村低保需要保证标准的动态调整以及与扶贫开发的衔接，做到兜底保障制度的精准有效性。

5.3.4 易地搬迁，生态扶贫

居住在边远山区、地质灾害隐患区等地的贫困户，一方水土难养一方人，是扶贫开发最难啃的“硬骨头”，易地搬迁是较好的出路。2016年9月国家发展改革委颁发《全国“十三五”易地扶贫搬迁规划》，明确了推进易地扶贫搬迁的指导思想、目标任务、资金来源、资金运作模式、保障措施等，要求各地在“精准识别、精准搬迁，群众自愿、应搬尽搬，保障基本、完善配套，整合资源、稳定脱贫”的指导原则下开展易地搬迁工作，“到2020年，实现约1 000万建档立卡贫困人口的搬迁安置”。该规划中强调了要“因地制宜选择搬迁安置方式，选好安置点，完善搬迁后续扶持政策”，保证易地搬迁工作的精准有效性，确保搬迁对象有业可就、稳定脱贫，做到搬得出、稳得住、能致富，做到贫困人口、贫困人口迁出地、贫困人口迁入地三方联动，有序运转。

拓展阅读

易地搬迁工程

“十三五”期间，对全国22个省（自治区、直辖市）约1 400个县（市、区）981万建档立卡贫困人口实施易地扶贫搬迁，按人均不超过25米^{2}的标准建设住房，同步开展安置区（点）配套基础设施和基本公共服务设施建设，迁出区宅基地复垦和生态修复等工作。安排中央预算内投资、地方政府债券、专项建设基金、长期贴息贷款和农户自筹等易地扶贫搬迁资金约6 000亿元。同步搬迁人口建房所需资金，以地方政府补助和农户自筹为主解决，鼓励开发银行、农业发展银行对符合条件的项目给予优惠贷款支持。在分解下达城乡建设用地增减挂钩指标时，向易地扶贫搬迁省份倾斜。允许贫困县将城乡建设用地增减挂钩节余指标在省域范围内流转使用，前期使用贷款进行拆迁安置、基础设施建设和土地复垦。

习近平总书记曾多次提出，“我们既要绿水青山，也要金山银山”“生态环境优势转化为生态农业、生态工业、生态旅游等生态经济的优势，那么绿水青山也就变成了金山银山”。党的十八大报告也将生态文明建设列入“五位一体”总体布局，提出“建设美丽中国”的要求。而中国大部分贫困人口和贫困地区分布在生态环境脆弱、敏感和重点保护的地区，这就要求扶贫开发工作需要走生态扶贫的道路，在生态保护中实现脱贫发展，在脱贫发展中保护好生态环境。2018年1月国家发展改革委、国务院扶贫办等部门联合颁发了《生态扶贫工作方案》，要求各级政府在“坚持中央统筹、地方负责，坚持政府引导、主体多元，坚持因地制宜、科学发展，坚持精准施策、提高实效”的指导原则下，“通过参与工程建设获取劳务报酬，通过生态公益性岗位得到稳定的工资性收入，通过生态产业发展增加经营性收入和财产性收入，通过生态保护补偿等政策增加转移性收入”四个途径助力贫困人口脱贫。在全国开展十一项重大生态建设扶贫工程，加大生态保护补偿力度，发展生态产业，创新对贫困地区的支持方式，让更多的贫困人口通过生态扶贫的方式顺利脱贫，并且确保贫困地区的可持续发展能力进一步提升。

解读

十一项重大生态建设扶贫工程

1. 退耕还林还草工程。
2. 退牧还草工程。
3. 青海三江源生态保护和建设二期工程。
4. 京津风沙源治理工程。
5. 天然林资源保护工程。
6. 三北等防护林体系建设工程。
7. 水土保持重点工程。

8. 岩溶地区石漠化综合治理工程。

9. 沙化土地封禁保护区建设工程。

10. 湿地保护与恢复工程。

11. 农牧交错带已垦草原综合治理工程。

四项生态保护补偿措施

1. 森林生态效益补偿。

2. 草原生态保护补助奖励。

3. 跨省流域生态保护补偿试点。

4. 生态公益岗位脱贫行动。

5.3.5 教育培训，扶能扶志

贫困人口之所以陷入贫困境地，原因之一在于其自我发展能力有所缺失，而教育培训可以提升贫困人口的综合素质，使贫困者习得一技之长。对贫困人口进行人力资本投资，是精准扶贫的重要路径，也是遏制返贫的必要保障。精准扶贫，人才先行。国务院在各类扶贫文件中反复强调教育扶贫，要求以提高贫困人口基本文化素质和贫困家庭劳动力技能为抓手，瞄准教育最薄弱领域，阻断贫困的代际传递。精准扶贫战略对贫困地区教育扶贫主要瞄准三个层次：第一，通过改善办学条件、强化教师队伍的方式，提升基础教育水平；第二，通过强化职业教育资源建设、加大职业教育力度、加大贫困家庭子女职业教育资助力度的方式加快贫困地区职业教育的发展；第三，通过提高贫困地区高等教育质量、继续实施高校招生倾斜政策的方式提高贫困地区高等教育服务能力。同时，国家还要求各地政府完善困难学生资助救助政策，降低贫困家庭入学负担，杜绝因学致贫、贫困人口失学的现象。国务院颁布的《“十三五”脱贫攻坚规划》中提出了针对不同教育扶贫主体的六项教育扶贫工程。精准扶贫工作不仅要帮扶贫困户提升能力，还要激发贫困户脱贫致富的斗志，针对贫困户“等、靠、要”现象，加强贫困地区乡风文明建设，倡导现代文明理念和生活方式，改变落后风俗习惯，发挥乡规民约在扶贫济困中的积极作用，激发贫困群众奋发脱贫的热情。

解读

六项教育扶贫工程

1. 普惠性幼儿园建设。
2. 全面改善贫困地区义务教育薄弱学校基本办学条件。
3. 高中阶段教育普及攻坚计划。
4. 乡村教师支持计划。
5. 特殊教育发展。
6. 农村义务教育学生营养改善计划。

5.3.6 产业支撑，金融支持

农村贫困人口收入水平提高是扶贫开发工作的基本目标，而这一目标的实现需要扶贫开发工作立足贫困地区资源禀赋，以市场为导向，充分发挥农民专业合作社、龙头企业等市场主体作用，形成一批带动能力强的特色产业，助力贫困人口劳动技能提升，促进贫困户经营性、财产性收入稳定增长。精准扶贫工作中的产业支撑贫困户脱贫突出了产业到村到户的精准扶持方式，因地制宜地在贫困地区建设特色扶贫产业，实施贫困村“一村一品”产业推动，形成特色拳头产品。通过三大农林产业扶贫工程，引导劳务输出脱贫，并以休闲农业和特色文化旅游为主导发展旅游产业扶贫。随着互联网经济的兴起，精准扶贫工作还创新性地提出了电商扶贫，将农村电子商务作为精准扶贫的重要载体，加大“互联网＋”扶贫力度。另外，针对农村贫困人口近乎为零的财产性收入，精准扶贫工作通过在贫困地区开展各类资产收益扶贫工程，推动贫困地区贫困户的财产性收入增长，让贫困人口分享经营收益和资源开发收益。

金融支持是贫困地区、贫困户经济发展的必要保障，扶贫开发工作离不开金融支持。为实现精准扶贫目标，政府运用多种货币政策工具，向金融机构提供长期、低成本资金，用于支持扶贫开发，鼓励和引导商业性、政策性、开发性、合作性等各类金融机构加大对扶贫开发的金融支持，创新金融产品和服务，增加贫困地区信贷投放。同时，创造条件引导中央企业、民营企业设立贫困地区产业投资基金，采取市场化运作方式，吸引企业到贫困地区从事资源开发、产业园区建设、新型城镇化发展等。各级政府通过完善金融机构体系、健全金融功能、优化金融生态、加强金融创新的方式强化扶贫开发工作中金融支持力度，进而助力精准扶贫工作。

解读

三大农林产业扶贫工程

1. 农林种养产业扶贫工程。
2. 农村一二三产业融合发展试点示范工程。
3. 贫困地区培训工程。

六项旅游扶贫工程

1. 旅游基础设施提升工程。
2. 乡村旅游产品建设工程。
3. 休闲农业和乡村旅游提升工程。
4. 森林旅游扶贫工程。
5. 乡村旅游后备箱工程。
6. 乡村旅游扶贫培训宣传工程。

电商扶贫工程

通过设备和物流补助、宽带网络优惠、冷链建设、培训支持等方式实施电商扶贫工程。鼓励有条件的地方和电商企业，对贫困村电商站、设备配置以及代办物流快递服务点等，给予适当补助和小额信贷支持；当地电信运营企业根据用户需求负责宽带入户建设，鼓励电信运营企业对贫困村网络流量资费给予适当优惠；在有条件的贫困村建设一批生鲜冷链物流设施。

三大资产收益扶贫工程

1. 光伏扶贫工程。
2. 水库移民脱贫工程。
3. 农村小水电扶贫工程。

6 政府引领　通观全局
——专项扶贫与行业扶贫的主导作用

“十二五”期间，我国农村贫困人口从2010年的1.66亿人减少到2015年年底的5 575万人。贫困县农民的人均纯收入从2010年的3 273元，增长到

图说

扶贫方式从体制性变革扶贫向政策性扶贫的转变

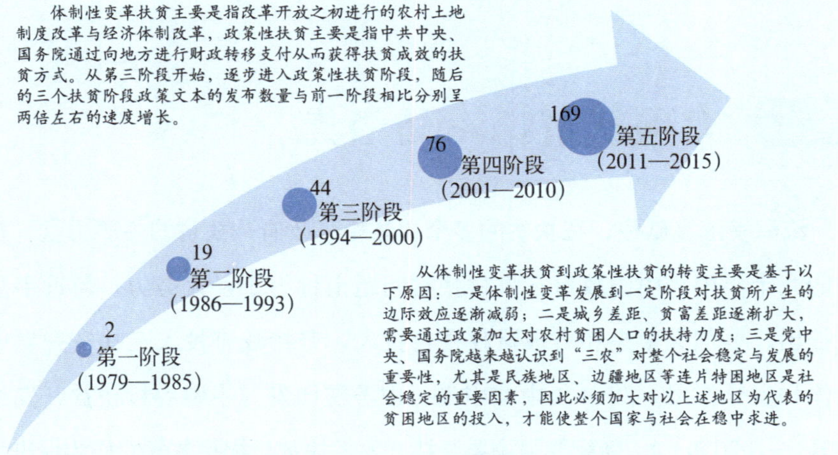

改革开放40年各个扶贫阶段政策文本数量（单位：份）

资料来源：引自《改革开放40年中国扶贫政策的演化与前瞻——立足国家层面政策文本的分析》。

2015年的6 828元，翻了一番多，增长幅度连续5年高于全国农村平均水平。如此脱贫成就，离不开中国政府的巨大努力。截至2017年，中央和国家机关各部门出台了100多个相关的政策文件或实施方案；各级派驻到农村的帮扶责任人超过1 000万；中央财政投向扶贫的专项资金，从2013年的380亿，增加到2017年的861亿，逐年递增。但由于我国扶贫政策的主要特点是区域瞄准，财政扶贫资金的分配按照区域进行，这就意味着我国的扶贫政策仍然有其局限性。

行业扶贫是国家扶贫体系的一个重要支撑，是保障我国扶贫开发工作成效的重要举措之一，是贫困人口尽快脱贫的有力抓手，利于社会稳定和谐。脱贫攻坚战打响以来，各牵头部门积极履行行业责任，深入基层，贴近贫困人群，充分发挥行业部门优势，加大行业投入，继续落实一系列面向贫困地区的特殊扶持政策。在各牵头部门的共同努力下，贫困地区的道路交通、饮水安全、电力保障、危房改造等基础设施建设目标全面完成，教育、卫生等基本公共服务目标基本完成。

6.1 专项扶贫，一马当先

沧海横流显砥柱，在扶贫的多个主体中，政府是扶贫的主要力量。在过去的几十年中，中国政府在农村扶贫问题上付出了巨大努力。习近平总书记提出，要加大中央和省级财政扶贫投入，坚持政府投入在扶贫开发中的主体和主导作用。2011年中共中央、国务院印发《中国农村扶贫开发纲要（2011—2020年）》，新纲要强调要坚持开发式扶贫，把扶贫开发作为促进发展的主要途径，把社会保障作为保障温饱的基本手段。伴随着新纲要出台，我国政府推出了包括整村推进、易地搬迁、产业扶贫、就业促进、社会保障兜底等专项扶贫措施，夯实了农村扶贫开发的发展基础，切实保障和改善了民生。

6.1.1 整村推进扶贫

低矮的土坯房，漫天黄沙飞，这是我们对贫弱村庄最为深刻的印象。但随着扶贫开发整村推进措施的实施，曾经积贫积弱的村庄焕发新颜。整村推进指的是在坚持政府主导、群众参与的原则和基础上，以划定的贫困村为对象，通过对贫困村的基础设施建设、社会事业建设、产业建设、文明新风建设、民主政治建设和村级组织建设，促进贫困地区经济社会平稳较快发展。

目前，在我国中西部地区地处偏远、自然条件恶劣、基础设施落后、产业发育迟缓的贫困村仍然大量存在，制约着特殊贫困地区的整体脱贫。为此，在总结20世纪最初10年整村推进经验的基础上，2012年，国务院扶贫办联合国家发展改革委、财政部等11个部委共同编制印发了《扶贫开发整村推进"十二五"规划》。根据这一规划，"十二五"期间，我国将在中西部22个省（自治区、直辖市）的30 000个贫困村和200个贫困乡镇实施整村推进扶贫开发工作，力争提升贫困农户自我发展能力，改善贫困群众生产生活条件，培育特色优势产业，提高农村劳动力素质，集中力量解决影响贫困群众脱贫致富的最突出制约因素，促进贫困村全面可持续发展。

整村推进的实施，显著改善了贫困村的基础设施、村容村貌、产业发展等方面，贫困群众的自我发展能力取得了较大突破。但实际上，整村推进在具体的操作过程中，尤其是在一些核心环节，各地做法不一，缺少规范性。一是扶贫目标的设置具有模糊性。例如提高贫困人口的生活质量、改变落后状况、改善生态环境等公共目标设置不甚明确，这给衡量和评估目标实现程度增加了难度。二是扶贫主体的结构较为单一。我国自开展扶贫工作以来，最大的特点就是以政府为主导，忽视了市场手段，以扶贫工作为重心的非政府组织很难发挥作用。如此一来，整村推进扶贫工作的效果减弱，实现全面小康社会的方式趋于单一化。

拓展阅读

《扶贫开发整村推进“十二五”规划》规划区概况

规划区范围包括中西部22个省（自治区、直辖市）的30 000个贫困村和200个贫困乡镇。30 000个贫困村主要分布在六盘山区等11个连片特困地区和已明确实施特殊政策的四省藏区、新疆南疆三地州。土地总面积6 036.4万公顷，总人口5 497.9万人，其中：扶贫对象2 191.8万人（按2009年各省份的扶贫标准），扶贫对象占总人口的39.9%。此外，由于西藏自治区以“整乡推进”的方式实施扶贫开发，规划中在规划区概况、目标任务部分单列了西藏“整乡推进”的有关内容，共有200个贫困乡镇（辖1 642个村委会）列入本次规划的实施范围。

在党中央、国务院的领导下，在片区联系单位、相关部委和各省（自治区、直辖市）的共同努力下，片区规划推进有力，区域发展与扶贫攻坚取得明显成效。2015年，14个片区农村贫困人口2 875万人，比2014年减少643万人，贫困发生率由17.1%下降到13.9%，下降了3.2个百分点。片区农村居民人均可支配收入7 525元，比2014年的6 724元增加了801元。截至“十二五”末，14个片区完成投资107 166.7亿元，占规划备案总投资的56%；重大建设项目和十项重点工作开工率均达80%以上。

6.1.2 易地搬迁扶贫

迁徙是人类顺应发展趋势的必然选择，是人们寻求美好生活的重要途径。但部分贫困地区由于资源环境承载能力不足、自然灾害频发、交通不便、信息不畅等，形成了“贫困—经济社会发展落后—贫困程度加深”的恶性循环，历经多轮扶贫开发，贫困状况仍未得到改善，实施易地扶贫搬迁势在必行。易地扶贫搬迁是政府为了解决特殊贫困地区生态环境问题与贫困问题相互制约、互为因果的恶性循环，以“一方水土养不活一方人”的深山区、荒漠区等地区为主要对象，通过对迁入地的基础设施、社会事业以及后续产业等项目的建设，为贫困群众以搬迁为契机彻底摆脱贫困提供可能。

2015年11月印发的《中共中央 国务院关于打赢脱贫攻坚战的决定》，将“易地搬迁脱贫一批”作为新时期脱贫攻坚“五个一批”精准扶贫工程之一，决定用5年时间，把这些贫困群众搬迁出来，帮助他们彻底摆脱恶劣的生存环境和艰苦的生产生活条件，并为其增加就业机会，从而实现稳定脱贫。脱贫攻坚战打响以来，经过各级政府、社会各界和广大搬迁群众的共同努力，22个有易地扶贫搬迁任务的省（自治区、直辖市）围绕脱贫目标，在对象精准识别、安置区选址、住房建设、资金管理、后续发展等方面，开展了一系列卓有成效的工作。

问答

什么是易地搬迁扶贫?

易地搬迁扶贫是指将生活在缺乏生存条件地区的贫困人口搬迁安置到其他地区，并通过改善安置区的生产生活条件、调整经济结构和拓展增收渠道，帮助搬迁人口逐步脱贫致富。截至2015年年底，国家累计安排易地搬迁扶贫中央补助投资363亿元，搬迁贫困人口680多万人。通过实施易地搬迁扶贫，迁出地生态环境逐步好转，搬迁群众的生产生活条件得到改善，显著提升了幸福感。

2016年9月国家发展改革委颁发《全国“十三五”易地扶贫搬迁规划》，计划5年内对近1 000万建档立卡贫困人口实施易地扶贫搬迁，着力解决居住在“一方水土养不活一方人”地区贫困人口的脱贫问题。

行百里者半九十，易地搬迁脱贫绝不是一蹴而就的简单工作，其在取得重要成效的同时，由于政策执行偏差，出现“富搬而贫拒搬”“济富却难益贫”“搬得出富不了”等现象，部分地区甚至产生一些突出问题。一是搬迁对象的甄别不完善。如按建档立卡名单分割搬迁户与随迁户，忽略本地生产者与外出务工者的搬迁意愿差异，并使处于“边缘贫困”的随迁户有不公平感，从而引发“一刀切”或“边缘不公”效应，类似做法不利于对搬迁群体的有序引导与精准帮扶。二是包揽式的搬迁安置。如不分脱贫主体类型给予“补贴兜底”，以行政命令及强制考核推行“安置包揽”等，类似做法弱化了贫困户搬迁脱贫的主动性，使其出现“等靠要”的思想，造成“救济陷阱”。三是就业接续不畅。如一方面搬迁后就业培训与引导不到位，另一方面又割断其先前的农业生计渠道，造成“无业返贫”，最终导致“搬而不富”。

6.1.3 产业扶贫

诚如习近平总书记所言，“要脱贫也要致富，产业扶贫至关重要”，这是由传统的“输血式”扶贫向“造血式”扶贫转变的必由之路。只有相关产业发展起来了，贫困户致富能力提升了，才能实现持续增收、拔掉穷根。产业扶贫以发展和扶持贫困区域的特色产业为手段，具体目标是大力扶持地方特色产业，提升贫困地区群众的自身发展能力，促进贫困区域人口脱贫致富，对于改进“久扶不脱贫”的贫困地区的困境有着非常显著的效果。

2016年11月，国务院发布《“十三五”脱贫攻坚规划》，明确提出农林种养产业扶贫工程、农村一二三产业融合发展试点示范工程、乡村旅游产品建设工程、休闲农业和乡村旅游提升工程、光伏扶贫工程等“十三五”期间重点实施的产业扶贫工程。2016年，国务院扶贫办重点发掘整理了59个产业扶贫的典型案例，总结了山东光伏扶贫“产权到村、收益到户”的“两到”经验，河北“政府融资建厂、扶贫资金入股、企业租赁经营、贫困群众分享、集体经济受益”的产业扶贫“金鸡”模式，以及贵州“农村资源变资产、资金变股金、农民变股东”的“三变”模式等。

数说

2016年，3.6亿元产业扶贫资金用于支持贫困地区绿色高产高效创建，401名科研专家服务于贫困地区产业发展，22个有扶贫任务的省份完成产业精准扶贫规划编制。2016年以来，共计1.77万名种养大户等到农村实用人才培训基地学习。“十三五”期间3 000万以上农村人口产业脱贫，成效显著。

资料来源：http：//www.cpad.gov.cn。

产业扶贫多元化发展的同时，也暴露出不少问题，致使贫困户对产业扶贫政策的满意度未达到预期。一是协调规划不足导致的产业趋同。政府盲目的“拍板执政”以及趋利性导致其不尊重市场规律，地方政府之间又存在一定的利益竞争关系导致区域间协调不足。二是利益联结机制缺乏导致贫困户收益低。利益大多被农业大户、政府及龙头企业所持有，贫困农户的利益分享度不高，产生“扶富不扶贫，扶农不扶贫”的现象。三是项目运作效果不佳、成功率低。扶贫产业项目多由上级部门出资建设，地方负责运行和维护，然而在后续运行中，农户参与维护的主动性不强，并且由于缺少相应的配套资金、相关技术指导以及销售渠道不畅，导致很多项目运行时间不长，甚至荒废闲置。四是扶贫手段存在问题。比如在产业发展方面，市场信息滞后、技术和基础设施相对落后、缺乏高素质的扶贫劳动力、扶贫智力支撑跟不上、扶贫启动资金难以满足现实需求等。

6.1.4 就业促进扶贫

自20世纪80年代以来，大规模的劳动力流动为缓解我国贫困现状做出了不可磨灭的贡献。与此同时，长期以来的城乡二元分割导致广大农民工在进入城市务工过程中，在寻找工作、城市融入、权益维护、返乡创业等多方面面临不少阻碍。对于这些突出问题，如果不进行转移就业脱贫和供给侧结构性改革，就难以真正解放生产力，难以有效释放贫困户脱贫致富的动能。劳动力转移就业培训是通过对劳动力进行教育、培训等提高贫困劳动力的素质，从而解决致贫的内在问题，进而扩大其非农就业机会，实现脱贫致富。

出台促进贫困家庭子女接受职业教育的特惠措施。2015年6月，国务院扶贫办联合教育部、人力资源和社会保障部联合印发《关于加强雨露计划支持农村贫困家庭新成长劳动力接受职业教育的意见》，为建档立卡贫困家庭“两后生”（初、高中毕业未能继续升学的贫困家庭中的富余劳动力）接受职业教育提供每年3 000元左右的扶贫助学补助。这项特惠政策，自2015年下半年开始实施以来，已惠及中西部50万户建档立卡贫困家庭。

拓展阅读

大爱无言，润物无声——雨露计划

雨露计划以政府主导、社会参与为特色，以提高素质、增强就业和创业能力为宗旨，以中职（中技）学历职业教育、劳动力转移培训、创业培训、农业实用技术培训、政策业务培训为主要手段，以促成转移就业、自主创业为途径，帮助贫困地区青壮年农民解决在就业、创业中遇到的实际困难，促进发展生产、增加收入，帮助脱贫。

自2003年雨露计划实施以来，已帮助数百万贫困劳动力完成职业技术培训，实现转移就业。众多农村地区的贫困人口通过雨露计划接受正规的职业教育和技术培训，成为“讲道德、有文化、懂技术、会经营”的新型农民，实现增产增收，摆脱了贫困的旧面貌。

“雨露计划·腾飞工程——中西部地区万名应用人才助学行动”自2007年起致力于帮助中西部贫困地区家庭困难的初、高中毕业生提升自身素养，实现求学梦想，通过提供职业教育机会、免除学杂费用、进行生活补贴等形式，帮助来自中西部贫困家庭的孩子们接受正规教育，增强发展能力，打开了他们人生的另一扇窗。

推动东西部职教协作。一是深化广东、广西两省（自治区）对口帮扶职业教育协作试点。广东、广西各为每个贫困学生补助3 000元，共6 000元，输送了1 979名学生。广西建档立卡贫困家庭子女到广东优质职业院校接受职业教育，在大型企业参加顶岗实习，毕业后在广东实现稳定就业、稳定脱贫。二是推动贵州职教直通车试点。东部8个对口帮扶贵州的经济发达市，与贵州的对口帮扶市签订了职教直通车帮扶协议，开展定向招生培训、实习就业等多种方式的对口帮扶活动。1 000名贵州的贫困家庭子女报名接受了东部对口帮扶市的职业院校教育。

贫困人口之所以贫困，与其说是物质上的贫乏，不如说是人力资本的匮乏。而人力资本的形成离不开教育的发展，特别是高等教育对个体能力发展的促进功能和个体实现身份提升的社会流动功能。我国目前实施的教育扶贫方式突破了以往反贫困政策的局限，通过教育培训来提高贫困者个体的知识和技能，增强自我发展能力，从而使其具备基本的就业技能和条件，有效缓解和进一步消除自身贫困问题。

6.1.5 社会保障兜底扶贫

脱贫不能留“锅底”，面对部分无法参与到经济发展中的特困户，以及因病致贫、返贫的人群，需要充分发挥社会保障作为最后一张“安全网”在脱贫攻坚中的兜底作用，确保这部分人口如期脱贫。《“十三五”脱贫攻坚规划》将兜底保障解释为：统筹协调社会救助体系，加强社会保障制度与扶贫开发制度的有效衔接，完善特困人员的救助供养、农村低保等社会救助制度，建立健全农村残疾人和“三留守”人员关爱服务体系，努力实现社会保障兜底。

社会保障兜底扶贫的主要措施是社会救助兜底，而社会救助兜底又以低保制度为核心，农村最低生活保障制度被赋予了新的历史使命。近年来，中央对地方的补助主要是面向财力相对薄弱的中西部地区，其中属于西部大开发政策范围的243个县（市、区）由中央补助80%，其他中部地区享受中央补助60%，东部地区除直辖市外，按照财力状况分省确定，最高补助比例为50%。

数说

我国扶贫开发工作重点县的低保补助标准大部分低于国家扶贫线。2015年，我国的国家扶贫线为2 855元。若按照2 000元、2 300元、2 600元和2 855元4个档次对592个国家扶贫开发重点县的对低保人口和分布区域进行统计分析，可以看出兜底两线合一的差距。

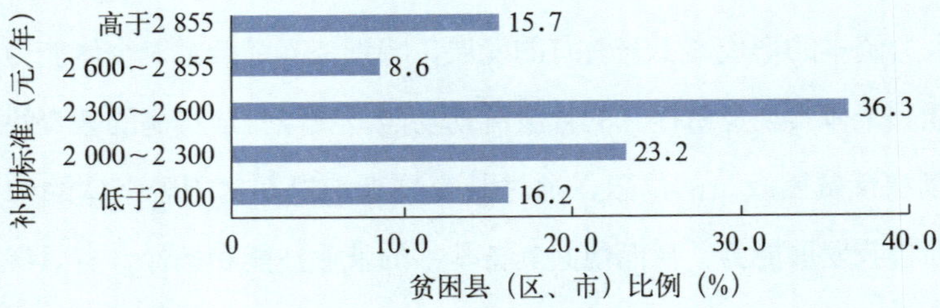

2015年592个贫困县低保补助标准

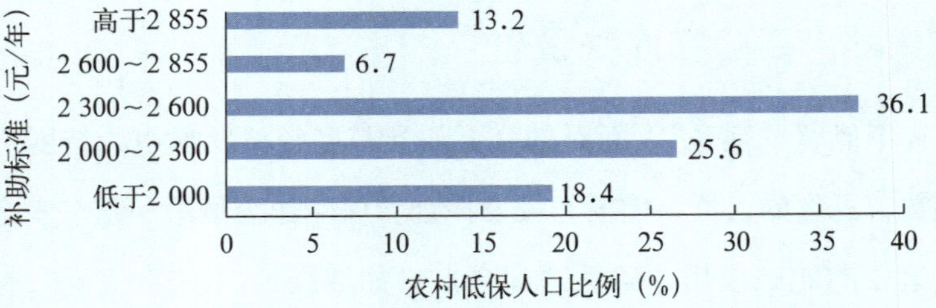

2015年592个贫困县的农村低保人口低保补助标准

数据来源：民政部官方网站。

目前，低保兜底也存在一些问题。一是农村低保标准明显偏低。这可能是因为，许多地方低保标准的制定是参照当地生活水平和财政负担能力制定的，即“以钱定人”。二是农村低保覆盖率低、瞄准偏差高。农村低保政策在实施过程中，存在目标人群的瞄准偏差，严重减弱了农村低保的减贫效果，同时可能造成福利依赖。三是农村低保标准和国家扶贫线不一致。基于两条扶贫线，两职能部门所能识别出的目标人群并不完全一致，贫困治理出现碎片化的格局。四是扶贫开发与低保这两项政策有效衔接力度不够。虽然低保兜底对象人均纯收入高于国家贫困线，但其缺乏可持续性，生计系统很脆弱，仍需国家相应的帮扶措施继续关注这个群体，防止他们滑入贫困。

6.2 行业扶贫，各显其能

行业扶贫在脱贫攻坚战中具有举足轻重的作用，是脱贫攻坚的重要力量来源。农业农村部（原农业部）在特色产业扶贫、促进农产品产销对接等方面做出了很大努力，切实落实了相关精准扶贫工作；财政部坚定发挥“粮草先行”作用，目前已形成较为健全的财政综合扶贫政策体系；科学技术部按照战略部署，将扶贫战场转移到连片特困地区，持续为脱贫攻坚战注入新鲜动力；自然资源部（原环境保护部）坚持贫困地区绿色发展，助力“生态补偿脱贫一批”；文化和旅游部（原国家旅游局）集中精力实施乡村旅游富民工程，积极带动乡村发展；教育部精准聚焦贫困地区的每一所学校、每一名教师、每一个孩子，加大推进落实扶贫举措。脱贫攻坚战打响以来，各牵头部门按照工作方案认真组织实施，力争全面完成工作任务。正是这些大量非专项财政扶贫开发资金的投入，间接促进了我国的扶贫开发，极大地改善了贫困地区的基础设施条件，改变了贫困地区的落后面貌，提高了贫困群众的生产生活水平。

6.2.1 农业农村部扶贫

为贯彻落实中央扶贫开发工作会议精神和《中共中央 国务院关于打赢脱贫攻坚战的决定》，农业农村部全面部署，强力推进产业扶贫、定点扶贫、片区扶贫、特定区域对口支援工作。部属相关单位认真制定扶贫工作方案，切实落实精准扶贫工作。

在特色产业扶贫方面，在实地深入调研的基础上，系统总结了洛川苹果、赣南脐橙、定西马铃薯产业带动脱贫的经验做法，形成《发展特色优势产业带动精准脱贫的范例》。为更好地发挥典型示范作用，进一步在全国层面遴选了一批产业扶贫范例，并请22个扶贫任务重的省（自治区、直辖市）在本省范围内各总结产业扶贫范例10个左右。在促进农产品产销对接方面，组织了8家龙头企业、4个农业农村部直属单位以及陕西、上海、安徽、广东四省份的农业部门与西藏方面签订合作协议，签约金额达16.5亿元。为了支持新疆的农产品流通促销，又在全国农业展览馆设立优质农产品展销中心，减免费用40多万元。另外，还为贫困地区的207家企业减免申报“三品一标”的费用178万元，支持新疆和大兴安岭南麓片区创建18个绿色食品原料标准化生产基地。

拓展阅读

农业农村部定点扶贫

农牧渔业部（现农业农村部）是1986年第一批开展定点扶贫工作的10个部委之一，30多年来，坚决贯彻中央决策部署，调动全部系统力量进行倾斜帮扶。按照中央统一部署，农业部定点扶贫湖北省恩施土家族苗族自治州咸丰县和来凤县、湖南省湘西土家族苗族自治州龙山县和永顺县。

2015年，农业部共安排资金3.84亿元用于定点扶贫地区重点开展农业基础建设、农业产业开发和农业人才培养等方面的工作，选派了7名干部到定点扶贫地区挂职锻炼，培训了农业管理干部、农民合作社理事长、土地仲裁骨干人员、基层农业公共服务人员660人次。在湖北省恩施州探索区域性金融支农，首期安排资金700万元，撬动银行贷款7 000万元，支持新型农业经营主体发展，带动当地贫困农户创业就业。

在定点扶贫方面，2016年编制印发了《农业部定点扶贫地区帮扶规划（2016—2020年）》，指导定点扶贫地区科学选择脱贫产业，完善产业链条设计，详细谋划和对接支持基本建设项目和财政项目，并提出建立利益联结机制，确保贫困人口得到实惠。该规划不仅是农业农村部定点扶贫工作的科学依据，还成为定点扶贫地区产业扶贫的项目储备库。

6.2.2 财政部扶贫

"兵马未动，粮草先行"，各类投入是打赢脱贫攻坚战的基本保障，其中财政投入发挥着主体和主导作用。近年来，中央财政多渠道增加扶贫开发投入，逐步构建了较为健全的财政综合扶贫政策体系。

1. 不断加大对贫困地区的一般性转移支付力度 中央财政在安排一般性转移支付时，充分考虑财力缺口因素，对贫困地区，特别是高海拔高寒地区、中西部革命老区、少数民族地区、边疆地区等，支持力度要远远大于其他地区。

2. 稳步增加财政专项扶贫投入 2016年，按照精准扶贫的相关要求，中央财政安排拨付专项扶贫资金660.95亿元，比2015年增长43.4%。同期，拓宽扶贫开发投入渠道，安排专项彩票公益金50.25亿元，用于支持贫困革命老区推进农村扶贫开发工作。财政专项扶贫资金投入的稳定增长，对落实精准扶贫要求，采取有针对性的扶持措施，解决贫困地区、贫困群众面临的突出问题，发挥了重要作用。

3. 专项转移支付向农村贫困地区、贫困人口倾斜 在支持改善农民生产生活条件及农业生产发展方面，利用可再生能源发展专项资金支持四川、青海等无电地区建设光伏发电设施，解决了无电地区用电问题；车辆购置税收入补助地方资金向中西部地区、老少边穷地区倾斜；对贫困地区农业综合开发项目执行较低的地方财政分担比例；中央财政安排的支持农业生产发展、草原生态保护、退耕还林、农田水利设施建设、水库移民后期扶持、一事一议奖补资金等，也发挥了重要的减贫作用。在医疗卫生和社会保障方面，在安排相关专项转移支付时，对贫困问题较为突出的中西部地区给予了倾斜；安排社会救助、农村危房改造等资金时，将财政困难程度、贫困因素作为参考因素，提高贫困地区农村危房改造的中央补助标准。

数说

1986年国务院专门成立了“贫困地区经济开发领导小组”，政府从国家层面确定了贫困县、贫困标准和贫困人口，并投入专项扶贫资金。2011—2015年，这五年间中央累计安排财政专项扶贫资金已经达到1 879.9亿元。

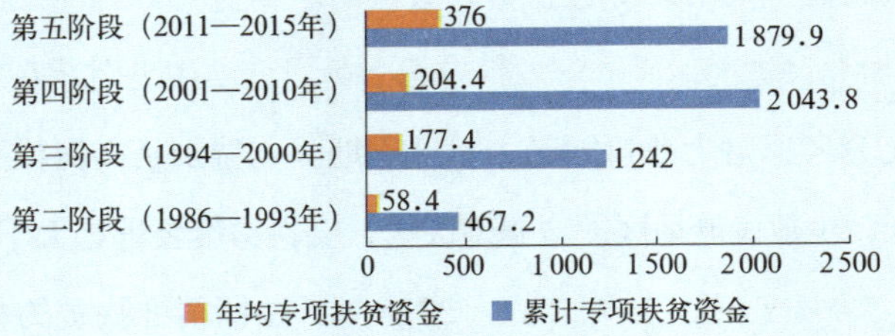

中央历次扶贫计划专项扶贫资金（亿元）

数据来源：引自《市场还是政府：评估中国农村减贫政策》。其中，专项扶贫资金包括专项扶贫贷款、以工代赈和财政发展资金三个部分。

6.2.3 科学技术部扶贫

“授人以鱼，不如授人以渔”，扶贫也是如此，“扶贫先扶志、扶贫必扶智”“造血式扶贫”成为中央对扶贫工作的重要要求和人们的共识。脱贫攻坚领域的“渔”是什么？科技无疑是答案之一。科学技术部充分发挥行业优势，以增强贫困地区的内生发展动力为目标，以深化科技体制改革为动力，以政策、资金、人才支持为抓手，扎实开展科技扶贫精准脱贫，为打赢脱贫攻坚战提供坚强有力的科技支撑。

1. 建立贫困乡村科技扶贫示范点　在尚未解决温饱和初步解决温饱但不稳固的贫困地区，针对不同类型贫困地区的特点，帮助其制定脱贫与发展规划。结合科技扶贫项目，通过参与式扶贫，建立科技扶贫示范区，在示范区集中进行贫困人口的科技素质培训，针对示范区生态环境保护与建设、生产发展、生活改善等方面的需要，输送适用、高效的技术，通过全方位的技术推广与服务，从根本上改变示范区经济、社会、文化极度落后的面貌。利用科技扶贫示范区的示范带动作用，并结合其他科技扶贫项目，加快周边贫困地区的脱贫步伐。

2. 发展特色产业　根据资源优势、市场前景和技术水平，在不同贫困地区选择具有发展前景的特色产业，给予技术、信息等方面的支持，促进其发展壮大，从而带动当地经济发展，加快农民脱贫。所支持的产业应当具有环保、无公害的特点，并对当地经济具有较强的带动作用；所支持的企业应采用产业化经营方式，并尽可能带动广大贫困人口。要积极为特色产业发展提供技术、培训人才、寻找市场，带领当地农民脱贫致富。

3. 加强科技培训和科学普及　针对贫困地区干部群众科技素质低、科技意识弱的问题，动员、组织科技人员深入贫困乡村，通过实地指导、技术培训、媒体宣传等多种形式，向农民传授科技知识，帮助解决生产中遇到的技术问题；通过培训贫困地区的干部与科技人员，增强他们的科技意识和创新能力，提高管理水平，从而促进当地的科技水平提高，加快技术推广，最终使农民的科技文化素质提高、技术创新意识增强。

6.2.4 自然资源部扶贫

绿色发展是中共十八届五中全会提出的五大发展理念之一，是未来中国实现美丽中国梦的重要保证。要在绿色发展的框架下保质保量地完成2020年全面实现小康这一任务，生态扶贫就是一条有效的路径。环境保护部秉承“绿水青山就是金山银山”的理念，以革命老区、少数民族地区、边疆地区、集中连片特困地区和定点扶贫县为重点，按照部门职责落实扶贫开发责任，在实施农村环境综合整治、生态补偿等方面对贫困地区予以重点支持，力争补齐脱贫和环保两个短板，促进贫困地区绿色发展。

一是农村环境综合整治。2017年，环境保护部（现整合为自然资源部）与财政部联合印发《全国农村环境综合整治“十三五”规划》，确保实现“到2020年，新增完成环境综合整治的建制村13万个”的目标任务，覆盖绝大多数贫困地区，改善农村人居环境。二是生态补偿。组织开展国家重点生态功能区县域生态环境质量监测评价与考核工作，并根据考核结果奖优罚劣，会同财政部对全国728个县域下达国家重点生态功能区转移支付资金570亿元，鼓励地方加强生态环境保护。2016年，支持推进引滦入津、新安江流域、汀江－韩江流域、

拓展阅读

农村环境综合整治

“十三五”期间，农村环境综合整治主要任务包括农村饮用水水源地保护、农村生活垃圾和污水处理、畜禽养殖废弃物资源化利用和污染防治。

截至2015年年底，中央财政累计安排农村环保专项资金（农村节能减排资金）315亿元，支持全国7.8万个建制村开展环境综合整治，占全国建制村总数的13%。各地建设饮用水水源防护设施3 800多公里，拆除饮用水水源地排污口3 400多处；建成生活垃圾收集、转运、处理设施450多万个（辆），生活污水处理设施24.8万套，畜禽养殖污染治理设施14万套，生活垃圾、生活污水和畜禽粪便年处理量分别达2 770万吨、7亿吨和3 040多万吨，化学需氧量和氨氮年减排量分别达95万吨和7万吨。

整治后村庄环境脏乱差问题得到有效解决，环境面貌焕然一新。通过实施“以奖促治”政策，带动相关部门和地方加大农村环境的整治力度，目前，全国60%的建制村生活垃圾得到处理，22%的建制村生活污水得到处理，畜禽养殖废弃物综合利用率近60%。

东江流域、九洲江流域等5个跨省流域上下游生态保护补偿试点，相关省份签署流域上下游横向生态补偿协议，明确目标和责任，中央财政下达奖励资金19亿元，使上游贫困地区受益。

6.2.5 文化和旅游部扶贫

时下，乡村旅游方兴未艾，在新一轮扶贫开发中，旅游扶贫成为一个重要的突破口。乡村旅游的快速发展对乡村发展和乡村脱贫致富发挥了强大的带动作用，不仅扶贫人口参与面广，扶贫成效见效快，乡村农民也可以通过学习培训，掌握技术，提升自身素质和能力，从根本上实现了脱贫和不返贫，防止了贫困现象代际传递。

数说

2015年，全国乡村旅游共接待游客约20亿人次，旅游消费总规模达1万亿元，每年为城乡居民提供1 000万就业岗位。全国从事乡村旅游经营服务的农民约2 000万人，带动超过7 000万农民受益。“十二五”以来，通过发展乡村旅游，带动约10%的贫困人口脱贫。

国家旅游局（现整合为文化和旅游部）按照《中共中央 国务院关于打赢脱贫攻坚战的决定》，集中精力重点实施乡村旅游富民工程，推进乡村旅游扶贫工作。为落实国家扶贫战略，国家旅游局始终将规划引导作为提升落后地区旅游业发展的重要手段。配合集中连片特困地区扶贫开发规划，启动集中连片特困地区的旅游规划编制与课题研究工作。先后开展了秦巴山片区、武陵山片区、燕山－太行山片区、大别山片区、大年保玉则旅游区、四省藏区交界地区的旅游业协同发展规划等一系列集中连片贫困区域的旅游发展规划编制工作，持续推进乌蒙山片区、滇桂黔石漠化片区的旅游发展规划编制工作。

在具体措施方面，主要有以下几点。一是会同国务院扶贫办共同遴选出具备发展乡村旅游基本条件的560个建档立卡贫困村试点开展乡村旅游扶贫。二是组织325家规划单位完成518个试点村旅游规划编制，占试点村总数的92.5%，集中培训2 000多名贫困村村委会主任（党支部书记）。三是推出乡村旅游“千千万万”品牌（千家乡村旅游模范村和千家乡村旅游模范户、万家金牌农家乐和万名乡村旅游致富带头人），起到示范带动作用。四是开展贫困村旅游资源普查，瞄准旅游扶贫工作对象；启动乡村旅游扶贫监测点，总结旅游扶贫工作成效。

声音

发展乡村旅游，是可持续的脱贫举措

汪洋（中共中央政治局常委，十三届全国政协主席）：发展乡村旅游，是把绿水青山变为金山银山的大产业，是推进贫困地区脱贫致富的重要途径。发展乡村旅游可以把贫困地区的资源优势变成市场优势，是可持续的脱贫举措。要积极创新乡村旅游的发展模式，探索农民以土地经营权、宅基地使用权、房屋所有权入股等形式参与旅游产业发展，促进农民脱贫并长期分享旅游发展的成果。要着眼长远，科学规划，加强自然生态环境和乡村特色文化保护，积极引入现代经营理念，稳步有序推进开发，不断提高旅游服务水平和发展质量。

6.2.6 教育部扶贫

“扶贫必扶智”，“治愚”和“扶智”的根本就是发展教育，就是通过教育来提升劳动者的综合素质，促进贫困人口掌握脱贫致富的技能和本领，从而阻断贫困代际传递。在此背景下，教育部精准聚焦贫困地区的每一所学校、每一名教师、每一个孩子，启动实施教育扶贫全覆盖行动，先后组织实施了20多项教育惠民的政策措施，实现了贫困地区义务教育普及、学校基础设施建设、学生资助体系、教师队伍建设、民族教育发展、职业教育提升等领域的教育扶贫全方位覆盖，为2020年农村贫困人口全部脱贫、贫困地区同步建成小康社会奠定了坚实的基础。

在学前教育方面，制定了学前教育三年行动计划。重点支持集中连片特困地区、少数民族地区、留守儿童集中地区解决学前教育资源短缺问题。在义务教育方面，开展义务教育“两免一补”，即对农村义务教育阶段的贫困家庭学生“免杂费、免书本费”并逐步补助寄宿生生活费，中西部地区的补助标准为小学生每人每天4元、初中生每人每天5元。在职业教育方面，开展职业教育团队式对口支援。东部地区的10个职业教育集团与滇西10市州签署战略合作协议，对口帮扶滇西职业学校发展，并协助对口合作市州制定重点产业的发展规划、打造高端技术技能人才队伍等。在高等教育方面，制定了面向贫困地区定向招生的专项计划，在普通高校招生计划中专门安排本科一批为主的招生计划，面向贫困地区进行定向招生。直属高校定点扶贫，则是由44所科研实力最强、以理工科院校为主的直属高校，承担起44个国家扶贫开发重点县的定点教育扶贫工作，统一纳入新十年定点扶贫工作的体系中。另有《国家贫困地区儿童发展规划（2014—2020年）》，将680个连片特困县的农村儿童纳入实施范围，从出生到义务教育结束，重点围绕健康、教育两个核心领域，加快实现从家庭到学校、从政府到社会对儿童关爱的全覆盖。

6.2.7 其他部门扶贫

中国人民银行围绕“精准扶贫、精准脱贫”，于2014年联合国务院扶贫办、财政部、银监会等出台了《关于创新发展扶贫小额信贷的指导意见》。在该意见的引导下，各银行业金融机构按照贷得出、能收回、有效益的原则，陆续开始推出扶贫小额信用贷款，对符合贷款条件的建档立卡贫困户提供5万元以下、3年以内的信用贷款，推动贫困人口脱贫致富。同时，加强与国务院扶贫办等部门的协调合作，积极推进扶贫贴息贷款与信用体系建设、精准扶贫机制的有效结合，推动扶贫小额信贷业务的开展。截至2015年12月底，各类金融机构2015年共发放扶贫小额信贷1200亿元，安排贴息资金60亿元，共支持贫困村农户283万户。

在村级道路畅通工作方面，交通运输部加大工作力度，推动交通建设扶贫，联系六盘山片区、定点扶贫阿坝州和对口支援安远县等扶贫工作再上新台阶，圆满完成“十二五”目标任务，2016年创新性地制定了《“十三五”交通扶贫规划》。

在饮水安全工作方面，水利部扎实做好行业扶贫、定点扶贫、片区联系、对口支援、老区建设“五位一体”水利扶贫的各项工作，全面推进贫困地区的水利改革和发展，取得了显著的成效。

在农村电力保障工作方面，国家能源局重点部署了农网改造升级，农村动力电、光伏电扶贫，能源规划布局倾斜，扶贫优惠产业政策等，并加强了定点扶贫工作。

在危房改造工作方面，住房和城乡建设部会同国家发展改革委、财政部印发《关于做好2015年农村危房改造工作的通知》，重点帮助住房最危险、经济最贫困的农户解决最基本的安全住房问题。

在卫生和健康工作方面，国家卫生健康委员会研究制定有针对性的政策措施，动员系统力量加大片区扶贫、定点扶贫和援疆援藏扶贫工作的力度，努力缓解贫困地区群众因病致贫、因病返贫问题，推进贫困地区卫生事业的科学发展。

在贫困村信息化工作方面，工业和信息化部加强贫困地区农村通信基础设施建设，通过实施“宽带中国”战略，积极支持贫困地区的网络发展，提高农村信息化水平。

7 社会参与　不可或缺
——社会扶贫的协助作用

2017年11月，国务院扶贫开发领导小组印发了《关于广泛引导和动员社会组织参与脱贫攻坚的通知》，广泛引导和动员社会团体、基金会、社会服务机构等社会组织以更大力度支持脱贫攻坚，“确保到2020年我国现行标准下农村贫困人口实现脱贫，贫困县全部摘帽，解决区域性整体贫困，做到脱真贫、真脱贫”。这一举措有助于社会组织在脱贫攻坚中发挥专业力量，有效整合各类社会资源，将为脱贫攻坚事业增添更大力量，形成更大合力。

贫困，是人类共同的敌人；消灭贫困，是人类共同的理想。改革开放以来，在政府、市场和社会的协同参与下，我国成功走出了一条中国特色扶贫开发道路。国务院扶贫办的数据显示，自1978年年末至2017年年末，中国贫困人口数量从7.7亿人下降至3 046万人（以每人每年2 300元计），中国成为世界上减贫人口最多的国家，也是世界上率先完成联合国千年发展目标的国家，为全球减贫事业做出了重大贡献。2013年至2016年，我国农村贫困人口从9 899万人减少到4 335万人，贫困发生率下降5.7%。短短4年，扶贫力度之大、规模之广、影响之深，前所未有，脱贫成就举世瞩目，为全球发展中国家反贫困做出重要贡献的同时，也探索出了一条中国特色扶贫开发道路。

从政府“单打独斗”到全社会“握拳出击”，社会扶贫作为政府、市场、社会新“三位一体”大扶贫格局中的重要一极，已经成为扶贫开发工作中最有潜力、最具活力的一个组成部分，在扶贫攻坚中发挥了巨大的作用。“积力所举，无不胜也”，实现到2020年全面建成小康社会时农村全部贫困人口脱贫的目标，要充分发挥社会力量，广泛凝聚各界力量，促进脱贫攻坚战走向胜利。

7.1 社会扶贫，硕果累累

按照《中国扶贫开发年鉴（2011）》对社会扶贫的解释，社会扶贫是指“动员和组织社会各方面的力量，参与贫困地区的开发建设，是中国特色社会主义扶贫开发道路的重要内容，也是社会主义制度优越性的体现，有利于统筹城乡和区域发展，确保贫困地区和贫困群众共享改革发展成果”。从国内外关于减贫的研究和实践来看，社会扶贫具有两个层面的含义。狭义上讲，社会扶贫主要指的是非营利部门（nonprofit sector）或者说非政府部门（non-governmental sector）所从事的减贫工作，具体而言，包括社会组织扶贫、企业扶贫、公民扶贫等；广义而言，社会扶贫则涵盖了更为宽泛的社会主体，泛指政府专职扶贫开发机构（扶贫办）以外的所有扶贫主体从事的扶贫开发工作。

精准扶贫攻坚拔寨，社会力量扶贫济困。党的十八大以来，脱贫攻坚成效显著。一方面，参与社会扶贫的主体数量飞速增长。2017年，中央层面311个单位实行定点帮扶，带动地方17．68万个党政机关、企事业单位参与，同时涌现出75.7万个社会组织、2.65万家企业、数以百万计的个人参与社会扶贫，形成政府、组织、企业和个人全面参与的格局。另一方面，社会扶贫投入的力度不断增加。从财力来看，2010年到2016年中央财政直接投入增加1.9倍，地方财政直接投入增加5.3倍，东西部协作资金投入增加3.2倍，社会组织捐赠增加1倍，慈善基金捐赠增加1.8倍；从人力来看，6年间中央机关人力支持增加0.9倍，地方挂职干部增加90.2倍，地方人力培训增加4倍。

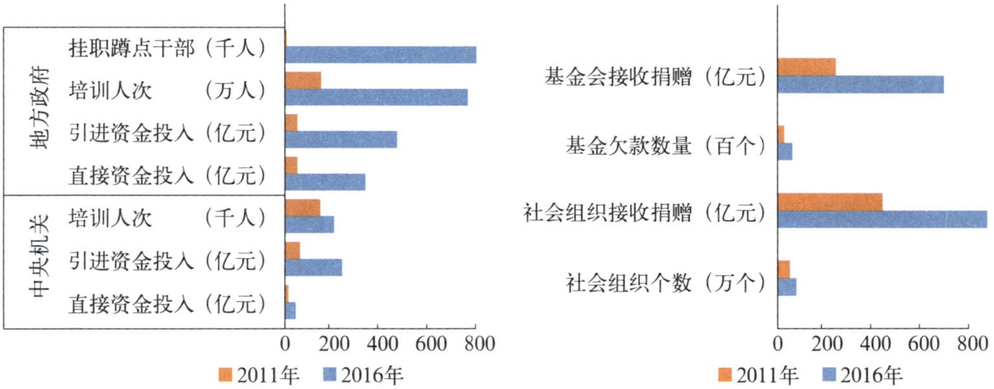

资料来源：《中国社会服务发展统计公报》、《中国扶贫开发年鉴》2010年、2016年。

扶贫攻坚路漫漫，任重道远再求索。回首过去，我国扶贫开发事业取得了显著成绩；试看今朝，扶贫工作难度将与日俱增，脱贫之路仍然任重道远。在新阶段的扶贫开发中，如何把握社会扶贫的发展方向，如何实现社会扶贫的理念革新，如何构建社会扶贫的格局，如何进行社会扶贫的机制创新等问题，仍然需要我们进一步深入思考。

7.2 社会参与，齐心协力

党的十八大以来，我国社会扶贫成效显著，已经成为拉动扶贫攻坚的重要引擎之一。东西部之间协作领域不断拓宽，定点帮扶不断加深，军队和武警部队积极参与，逐渐形成了合作共赢的局面。伴随着经济社会的发展，越来越多的企业将扶贫开发视为重要的社会责任，通过在贫困地区建企业、建基地等形式帮助贫困地区实现经济发展。尤其值得一提的是，近年来，各类非政府组织、社会公众在扶贫开发领域发挥着重要的作用。在推进我国扶贫开发的伟大实践中，社会扶贫始终占据重要地位。回顾总结十八大以来社会扶贫的实践历程，认真梳理社会扶贫的经验，对做好社会扶贫工作具有重要意义。

7.2.1 强化扶贫协作，东西部合力不忘初心——东西部扶贫协作模式探索

东西部扶贫协作是党中央、国务院为加快西部贫困地区扶贫开发进程、缩小东西部发展差距，促进共同富裕做出的重大战略决策。20多年过去了，东西部地区紧密协作，同舟共济，携手向前。160亿元援助资金、1.5万亿企业投资资金、万余名挂职干部和科技人才，东西部协作扶贫硕果累累，涌现出“沪滇模式”“闽宁模式”“浙川模式”“甬黔模式”“两广模式”等各具特色的帮扶模式，为我国东西部协作发展提供了可鉴范本，为今后东西部地区扶贫协作积累了成功经验。

随着东西部扶贫协作逐渐深入，我国的扶贫模式已由最初单向的“输血式”扶贫解困，发展到今天“造血式”互利共赢的新阶段。政府、市场、社会等多层级、多主体帮扶，产业、教育、医疗等多领域协作，极大地改善了西部地区的贫困现状；与此同时，思想交汇、资源整合、人才交流激活了西部地区自身的内生动力，实现双向互动、成果互惠、共同发展。

成绩固然可喜，但问题依然存在。现阶段，东西部协作的动力机制中对政府引导的依赖性过强，市场力量激发不力；传导机制中各主体的地位、层级与作用不够明确，辅助与媒介载体有缺失；保障机制中制度创新不足，考核评价体系不够健全，时效性与长效性不够突出，这些问题无不制约了东西部地区扶贫协作的可持续发展。在未来，我们要识别和解决协作本身所存在的问题，深化和拓展扶贫协作模式，构建和完善可持续机制，准确把握扶贫开发工作面临的新任务和新要求，使得东西部地区扶贫协作向更高水平、更广领域和更深层次发展。

案例

多领域扶贫协作，“沪滇”携手共谋发展。1996年，依据国务院统一安排，上海、云南结成对口帮扶协作对子，把开放前沿与闭塞

边陲牵在了一起。20年栉风沐雨，砥砺前行，共实施扶贫项目7 527项，投入帮扶资金34.07亿元，这些数字无不记录着沪滇对口扶贫协作20载的成果，也印证了沪滇扶贫协作模式的生命力。

扶贫济困，一方有难多方援医援智。自沪滇模式启动以来，上海市先后选派9批143名援滇干部挂职，804名应届大学生、研究生参与服务西部计划，1 155名骨干教师赴滇执教；投入资金1 680万元，组织28家三级医院与云南省28家贫困县级医院建立稳定持续的“组团式”对口帮扶机制，并先后派驻9批医疗队共37名专家到景洪市人民医院帮助开展工作。此外，更积极推动社会力量广泛参与扶贫。其中，宋庆龄基金会组织的“每一件衣服都是一份爱”主题捐赠活动、上海浦东发展银行与云南省共建的扶贫投资发展基金等社会帮扶的典型事例不胜枚举。至今，沪滇模式已逐渐形成“政府支援、人才支持、社会参与”的帮扶格局。

经济合作，因地制宜沪滇互利共赢。20年春华秋实，沪滇经济合作累计实施项目近2 000个，实际到位项目资金645.8亿元，光明食品、金茂股份、上实发展等企业扎根于云南，成为沪滇产业协作扶贫模式最鲜活的注解。2016年为发挥沪滇双方合力，积极开展项目扶贫，上海市政府组织上海联华电子商务有限公司、上海农产品中心批发市场经营管理有限公司等重点企业赴云南投资考察，达成一批签约项目，带动脱贫4 200人，吸纳就业逾万人。

强化协作，东西齐聚合力再接再厉。云岭大地翻天覆地的变化既得益于党中央、国务院的科学决策和坚强领导，也充分表明了沪滇双方携手合作、协力共圆小康梦的信心和决心。近年来，按照“中央要求、云南所需、上海所能”的原则，结合帮扶双方工作实际，沪滇结对帮扶关系持续深化，帮扶重点从原来的4个州市26个贫困县，拓展为13个州市74个贫困县，东西部扶贫协作继续在脱贫攻坚之路慢慢求索。

7.2.2 坚持精准方针，定点扶贫济困正当时——定点扶贫模式探索

作为中国特色扶贫开发工作的重要组成部分，定点扶贫指党政机关、企事业单位和社会团体利用自身资源，与贫困地区合作以帮助其脱贫致富的一种开发式扶贫模式。党的十八大以来，随着扶贫工作的不断深入，帮扶方式日益多元化，干部挂职、引资扶贫、科技扶贫、文化教育扶贫等方式竞相绽放。截至2016年，17.68万个定点帮扶单位、12.8万个建档立卡贫困村、77.5万挂职干部、326.77亿元投入资金，这是定点扶贫模式交出的成绩单。贫有千种，困有百样，打赢脱贫攻坚战发力点就在“精准”，由面到点，集中力量击碎扶贫路上的“硬骨头”。

然而，贫困人口的迅速减少并不意味着扶贫难度的降低，成功经验的取得也并不意味着没有需要改进之处。定点帮扶单位不可能面面俱到，这无疑使定点扶贫效果大打折扣。现阶段，定点帮扶从中央到地方层层展开，但仍以党政机关为主体，显得范围不广、力量不足、资源有限；精准扶贫从一对一、一对多关系切入，但仍存在帮扶单位的优势与扶持对象的需求脱节，使得扶贫工作流于表面。在未来，应该继续扩大参与定点帮扶单位的数量，增强帮扶力量，丰富帮扶资源，结合帮扶单位的自身优势与贫困地区实际，以“四两拨千斤”之势破解发展难题，推动帮扶工作。

案例

助弱济贫，中国华融投身扶贫攻坚战。宣汉县隶属四川省达州市，县境内多山地丘陵，土地瘠薄，生产资料缺乏，是国家级重点贫困县。自中国华融资产管理股

份有限公司开展定点扶贫起，累计向宣汉县投入扶贫资金3 631.63万元，捐助钱物价值1 100多万元，通过将扶贫理念与贫困地区实际情况相结合，因地制宜地开发出教育扶贫、民生扶贫、产业扶贫“三位一体”的扶贫工作模式，探索出了一条由“输血式”到“造血式”、由粗放式到精细化的扶贫新路径。

注入人力发展教育，孕育脱贫新希望。为推动扶贫工作有效开展，通过选派挂职扶贫干部进驻贫困村，深入了解贫困村民的需求和实际困难，切实做到了“给钱给物，不如给个好干部”。与此同时，中国华融始终牵住“智力扶贫”这个贫困地区脱贫致富的“牛鼻子”，针对“基础设施、教师、学生”教育扶贫三要素，打造出了一系列教育扶贫品牌项目。2017年，中国华融再接再厉，继续捐资100万帮助天生中学改扩建女生宿舍楼，改善该校女生住宿条件；继续开展中国华融助学扶贫基金项目，资助贫困高中生210人次，奖励优秀贫困高中毕业生50人。

扶持产业关注民生，因地制宜奔小康。党的十八大以来，中国华融始终坚持“精准扶贫、精准脱贫”，在实践中逐渐形成了“生产—仓储—销售—利益分配”全链条的产业扶贫模式。一方面，因地制宜地发展种植养殖业，仁义村的桃花米、龙泉村的黑毛猪都是华融推行的特色产业；另一方面，积极通过市场化方式购买精准扶贫村的特色农产品，帮助其打开销售市场，增加贫困户收入的同时，提升了贫困地区、贫困群众的基层“造血”能力。在民生扶贫方面，中国华融重点改善贫困地区住房、道路、饮水、灌溉等基础设施。2015年，中国华融持续发力投资13万元，实施了5个道路建设项目，帮助贫困村修建村内通社道路共6.5公里，解决了约2 200名村民的出行难和农产品运输难问题，切实提高了贫困村基本生产生活条件。

图片来源：http://www.chamc.com.cn/index.shtml.

7.2.3 助力脱贫攻坚，爱心企业一直在路上——民营企业扶贫模式探索

民营企业参与扶贫，是指在政府的引导与支持下，民营企业利用自身的资源，通过多种形式参与扶贫工作。2014年国务院办公厅印发《关于进一步动员社会各方面力量参与扶贫开发的意见》，大力倡导民营企业扶贫。据统计，2016年企业捐赠总额达到908.20亿元，其中民营企业贡献近五成。以民营企业为帮扶方的“万企帮万村”行动，截至目前已经动员了2.65万个企业帮扶了2.1万个贫困村，投入460亿元，帮扶了380万贫困人口。累累硕果，无不彰显民营企业已经成为中国公益事业发展和扶贫的重要力量。

易地搬迁，一方水土可养一方人。作为一揽子措施中的重要一环，让不少祖祖辈辈生活在深山老林里的贫困家庭，陆续搬入恒大集团捐建的新家。除了为农户配备家私家电等设施，每户还配建两栋蔬菜大棚，同时辅以肉牛养殖、乡村旅游等作为第二产业，积极探索以产业为依托的易地搬迁扶贫，在改善贫困人口居住环境的同时让搬离出来的群众不愁生计。

教育扶贫，有效扶智方可拔穷根。恒大投入3.3亿元建设学校，加强师资队伍建设。恒大与清华大学达成合作，已培训340名教师以及管理干部，设立恒大大方教育奖励基金，已奖励资助200名偏远山区的优秀教师和300名优秀学生。恒大集团投入1.9亿元，建设了1所慈善医院、1所养老院、1所儿童福利院。

精准作战，民营企业不脱贫不收兵。2017年，在贵州大方县扶贫取得初步成效后，恒大又承诺承担毕节市其他6县3区的帮扶工作，再无偿投入80亿，助力贫困地区脱贫。脱贫攻坚20载，像这样的企业还有很多，在这场攻坚战中，民营企业发挥着越来越重要的作用，长路漫漫，助力脱贫，他们一直在路上。

尽管民企已成为参与精准扶贫的重要力量，但从目前的情况来看，仍存在

案例

"输血"与"造血"并举，恒大集团"真扶贫、扶真贫"。作为民营企业代表，中国恒大集团用三年时间在贵州毕节探索扶贫创新模式，为民营企业参与脱贫攻坚探索出一条可复制、可推广、可持续的新路子。通过产业扶贫、易地搬迁扶贫、吸纳就业扶贫、发展教育扶贫等多种措施，实现12.73万贫困人口初步脱贫，10 223栋蔬菜大棚星罗棋布，50个幸福新村拔地而起，26所学校书声琅琅，1 000名师生获得奖励资助。正如国务院扶贫办主任刘永富所说："恒大集团帮扶大方县的典型案例，是中国历史上脱贫攻坚档案里一颗璀璨的明珠。"产业扶贫，精准识别，"造血"利长远。在产业选择上，恒大结合当地实际，一切以市场为导向，因地制宜发展蔬菜、肉牛、中药材和经果林等特色产业，为每个贫困户配备至少两个产业项目，并引进上下游龙头企业，形成"龙头企业+合作社+贫困户+基地"的帮扶模式。

图片来源：http://www.cankaoxiaoxi.com/pinpai/20180305/2257370.

一些问题亟须解决。民企扶贫缺乏完善的激励制度，持续参与的动力不足，制约其参与社会扶贫的深度和广度；投入资源零散和协同效果不佳，影响扶贫投入的力度和可持续性；缺乏农企互动共享机制，导致农民参与的积极性不高，影响了农民的脱贫效果甚至可能会造成过度开发。在未来，各地应因地制宜、因需制宜地制定企业扶贫宣传和激励制度，吸引企业通过公益项目打造企业文化，深入挖掘扶贫济困的传统文化以及企业家的乡土情怀，推动民营企业在发展企业的同时为当地经济和社会扶贫做出贡献。

7.2.4 推进有效帮扶，社会组织齐聚众志成城——社会组织扶贫模式探索

社会组织一直是中国社会扶贫的一支生力军，他们很早就进入减贫领域，积极投身扶贫事业，为扶贫攻坚发挥了巨大的作用。截至2017年11月，全国共有75.7万个社会组织（在民政部门登记的社会团体、基金会、社会服务机构）。2016年年底，全国社会组织的固定资产达2 746亿元，接受各类社会捐赠653.7亿元，动员志愿者191万人次。这些社会组织发挥自身优势，参与到边远落后地区的扶贫工作之中，逐渐形成了“资源募集者”“服务提供者”“产业推动者”“政府合作者”的扶贫模式，为减贫目标的实现起到了至关重要的作用。

瑕瑜互见，砥砺前行。现阶段，有关社会组织参与扶贫的法律制度不健全，社会认可度不高，导致在资源整合、扶贫模式创新、扶贫到户等方面的效率不高；扶贫融资渠道单一，基金运作模式有限，造成扶贫资金缺乏长期的规划和评估；缺乏有效的管理监督机制与措施，一方面使扶贫工作的性质蒙上灰色的面纱，另一方面使民间组织的公益性和慈善性受到影响。在未来，社会组织扶贫大有可为，但离不开政策的支持和自身的能力建设。从国家层面而言，需要加大政策的支持力度，完善激励机制，加强慈善公益宣传和社会公益道德建设；从社会组织层面而言，需要提高组织的专业性，开拓筹资渠道，加强公益性服务能力建设。

案例

“弘扬人道，奉献爱心”——中国残疾人福利基金会。2016年，基金会通过“集善工程—助听行动”筹集到来自于地方财政、爱心企业及社会各界捐助的2 300万元资金和助听设备，直接救助和带动

地方项目救助听障残疾人和听障人士总计超过2万人。作为“资源募集者”，该模式在有效整合了社会扶贫力量的同时，也为社会扶贫主体尤其个人提供了一个良好的社会帮扶的参与渠道和平台，而“集善工程—助听行动”也因此获得第九届“中华慈善奖”最具影响力项目。

“治贫先治愚，扶贫先扶智”——常青义教。常青义教团队作为教育“服务提供者”，是一项由友成企业家扶贫基金会发起，依托友成志愿者驿站的平台，以退休优秀教师为支教主体、贫困地区教师为培训和交流对象，通过上示范课、分析教学案例、培训等，提高乡村教师的教学与管理水平的“造血型”公益支教志愿服务项目，其本质是通过整合政府、学校、企业、公益组织等多方资源，形成扶贫攻坚合力。

“授之以鱼，不如授之以渔”——中国扶贫基金会。为了从根本上改变老区面貌，2016年中国扶贫基金会善品公社项目收到社会各界捐赠款物242.69万元，项目投入37.13万元。截至2016年年末，其已经在四川、陕西、山西、吉林4省10县（市、区），立项扶持了黄果柑、猕猴桃等8个品类。2016年实现线上交易额424万元，带动合作社实现线下交易额1 500万元，参与其中的农户人均增收逾700元，从根本上解决了当地的贫困问题。

“借梯登高，借船出海”——“千户万灯”残疾人贫困户室内照明线路改造公益项目。2018年，该项目第二次入选中央财政支持社会组织参与社会服务项目名单，并获得50万元扶持资金。秉持着“‘走千户、修万灯’，让放心灯照亮每个家庭，温暖身边每一个人”的初衷，项目针对残疾人贫困户家庭照明线路老化、私拉乱接严重等问题展开志愿服务。在这一模式中，政府借助社会组织优势，社会组织通过政府支持，携手共进，共同扶贫。

7.2.5 吹响扶贫号角，军民团结决战奔小康——军队和武警部队扶贫模式探索

打赢脱贫攻坚战，人民军队勇于担当。多年以来，全军和武警部队充分发挥自身优势，大力协助地方脱贫攻坚，在扶贫战场攻坚克难，屡创佳绩。截至2017年，已确定帮扶贫困村3 500多个，助力20多万贫困户、40多万贫困人口加快脱贫步伐；与此同时，因地制宜实施特色产业扶持、基础设施援建、教育和医疗帮扶等多种形式的帮扶行动，并逐步形成了“军民结对”“军地共建”的扶贫模式，在脱贫攻坚战场谱写鱼水新篇。

党的十八大以来，全军和武警部队扶贫攻坚屡创佳绩，但是也出现了一些亟待解决的问题，如：扶贫力量难统筹，扶贫效果不明显，“输血式”扶贫导致贫困地区脱贫后又返贫等。因此，未来全军和武警部队应当精准识别帮扶对象，发挥自身优势，因地制宜地制订帮扶方案，切实做到由“漫灌”到“滴灌”地推进扶贫开发工作，带领贫困地区脱贫致富。

案例

军民结对，“131”扶贫助困历久弥新。说起军民结对扶贫模式，就不得不说起源于20世纪80年代中期，由恩施军分区发起的“由1个武装干部带领3个民兵帮助1个特困户

脱贫”的“131”扶贫工程。20多年过去了，恩施军分区领导班子虽换了好几届，但扶贫帮困的接力棒却没有丢。进入21世纪，帮扶模式变为“1个人武部协调3个以上地方部门帮建1个新农村示范村”，帮扶方式由给钱给物调整为基础设施扶贫、产业扶贫和智力扶贫。从过去的集资建房，帮助3 000多户山顶洞人和茅棚户住上新房；到今天修路兴业，建成了“芭蕉茶叶、板桥党参、红土魔芋、沙地板栗”等具有地方特色的十大支柱产业示范基地，“131”扶贫工程取得了社会公认的成绩。

军地共建，“8660”情系驻地久而弥笃。充分发挥驻地军队优势，将开发与救助结合，整合参与部队集团力量和村民的内生动力，这是驻军扶贫的宗旨。位于新疆的江阿买里村由于交通不便、信息闭塞，经济发展十分缓慢，在驻疆武警8660部队的帮助下，军民同心克服种种困难，逢山开路、遇水架桥。党的十八大之后，武警8660部队与伊犁哈萨克自治州科教部门联合制定了“新农村新风貌”计划：由政府出经费、出资料、出技术，部队出人力、出车辆、出保障，每月深入各农牧村开展两次科普知识讲座，惠及上万名农牧民。

征程继续，扶贫传统薪火相传。在扶贫攻坚道路上这样的驻军队伍有很多，在四川大凉山、在江西井冈山……一支支穿军装的精准扶贫队伍，走在田间地头、苗圃果园，带领贫困群众谋幸福、求发展，创造一个个脱贫致富的中国奇迹。

图片来源：施恩新闻网，http://www.enshi.cn/20090210/ca158014.htm.

7.2.6 关爱贫困群体，公众参与饮水思源——个人扶贫模式探索

“乐善好施、扶危济困”“一方有难、八方支援”一直是中华民族的传统美德。近年来，我国慈善事业飞速发展，涌现了大量的慈善组织。一些爱心人士的扶贫济困之举在赢得广泛赞誉的同时，也带动了更多的人助力慈善事业。可

能是政府官员、知名艺人，也可能是企业人士，抑或只是普通居民，怀有“滴水之恩当涌泉相报”的情怀，通过直接捐赠、志愿行动、基金资助等方式来扶贫济困，继而形成了社会公众参与扶贫的模式。

“莫畏浮云遮望眼，风物长宜放眼量”，现阶段，社会公众扶贫仍面临着许多问题：动员机制不健全，群众对扶贫的认知不清，参与积极性不高；参与机制不健全，参与渠道单一，组织管理不完善；协调机制不健全，贫困地区和群体与扶贫主体之间缺乏联系、互动；激励机制不健全，针对扶贫先进典型的个人宣传与表彰不足，缺少模范的激励作用，个人参与扶贫的潜力挖掘不足。在未来，政府还应当积极宣传个人参与扶贫的先进典型，以物质奖励、荣誉表彰等多种形式激发个人参与社会扶贫的积极性和热情，营造良好的社会氛围，以在更大范围内集聚个人力量参与社会扶贫。

案例

涓涓细流汇成大海，点滴善举成就大爱。2016年，我国个人捐赠额创纪录地达到293.77亿元，捐赠过亿的慈善家共35人（不完全统计），捐赠额达到79.73亿元；与此同时，10万元以下的个人捐赠总额达90亿元以上，普通民众逐渐成为个人捐赠的中坚力量。我国慈善捐赠呈现网络化、年轻化、小额化的发展趋势，奉献成为了普通民众的一种生活方式和习惯。

脚踏黄土头顶清风，志愿扶贫不问西东。由团中央、中国青年志愿者协会与北京、山西、广西青年志愿者协会联合发起的青年志愿者扶贫接力计划，已走过20个年头。迄今为止，已有万余名志愿者奔赴200多个贫困县支援，这些志愿者从喧嚣的都市，走进深山、走进大漠。目前，青年志愿者接力计划形成了包括支教、支医两大支柱项目及支科、支农两项试点项目的实施体系，并形成了省内发达地区支援欠发达地区、跨省区市对口支援两种工作模式。志愿者通过自身的服务，创造了巨大的经济效益和社会效益。“但行好事，莫问前程”，青年志愿者们用实际行动践行了志愿服务精神，谱写了一首首扶贫赞歌。

“聚是一团火，散是满天星”，全社会各界人士齐心协力，将爱心点对点进行精准传递，为早日打赢脱贫攻坚战，全面建成小康社会贡献力量。

8 多措并举　形式纷呈
——我国形式多样的扶贫方式

党的十八大以来，在习近平总书记的领导下，全党全社会砥砺前行，合力攻坚，脱贫攻坚工作取得了决定性进展和显著成绩。2012年至2017年，6 000多万贫困人口稳定脱贫，贫困发生率从10.2%下降到4%以下。

立下愚公移山志，咬定目标、苦干实干，在这场脱贫攻坚战中，中国特色扶贫开发道路越走越宽，多样的扶贫方式不断创新：产业扶贫激活贫困地区发展活力，小额信贷给予贫困农户经济支持，易地安置扶贫改善农民生活条件，教育扶贫提高农民脱贫意识，生态扶贫坚持绿水青山就是金山银山，科技扶贫注入贫困地区创新发展动力，健康扶贫保障贫困农户身体健康。

8.1 产业扶贫助推地区发展

长期以来，开发式扶贫是我国扶贫工作的主要方针，与早期纯公益“输血式”、救济式的扶贫方式不同，开发式扶贫是“造血式”的扶贫方式。由于“造血式”扶贫既注重贫困农民自身能力的培养，也注重通过产业的发展来带动贫困地区群众就业和增加贫困农民的收入，从而可以更好地实现脱贫目的。产业扶贫是开发式扶贫的一种主要形式，一般指政府、企业等单位通过发展产业、创建产业集聚区和融合产业链，将本地具有比较优势的环境、文化等资源，转化为有比较优势的产品，从而改变贫困地区原有封闭落后的产业发展模式。同时，通过提高贫困农民资源开发利用的水平和劳动生产率，激活地区产业发展的活力，有效解决贫困问题。

8.1.1 产业扶贫的特点

（1）要求地区有资源可被开发利用。贫困地区开展产业扶贫需要一定的资源，尤其是特色资源，这样的资源具有比较优势，便于产业扶贫的开展，例如贵州、广西等地自然资源丰富适合进行旅游产业开发。

（2）需要载体去开展产业扶贫。如果贫困地区有产业集聚区、农业产业龙头企业或合作社等载体，就可以减少产业扶贫前期投入，利于产业扶贫的发展。

（3）需要更多的参与者共同参与产业扶贫。产业扶贫不单单只是政府的事情，同时也需要国有企业、私营企业、高等学校、科研院所等社会各界积极参与，取长补短，发挥技术优势，提供技术支持。

声音

务实推进东西部扶贫协作

胡春华（中共中央政治局委员、国务院副总理）：务实推进东西部扶贫协作，必须有明确目标要求。要强化产业合作，发挥东西部各自优势，建立企业参与扶贫协作长效机制，促进西部产业发展。要加强劳务协作，提高劳务输出组织化程度，精准做好劳务对接。要突出人才支援，推进干部人才双向交流，探索“组团式”帮扶。要深化携手奔小康行动，广泛动员社会各界参与，形成帮扶合力。西部地区要强化开放意识、市场意识，主动对接、积极协作。

8.1.2 产业扶贫存在的问题

第一，资源结构单一。贫困地区可开发可利用的资源较为单一，长此以往，贫困地区产业难以为继，脱贫户存在返贫的可能。第二，经营模式分散。农业仍以分散经营为主，难以形成优质农业生产模式和规模效应，不利于地区产业的进一步发展。第三，缺少技术支撑。农业产业链条短和农产品加工深度不够，降低了农产品附加值和市场竞争力。第四，扶贫资金不足。贫困地区基础设施条件差，进行产业扶贫需要投入大量资金进行基础设施建设，而这些资金仅仅通过政府支持显得杯水车薪。

案例

1. 赣南革命老区产业扶贫成效

赣南革命老区是全国较大的集中连片特困地区，自2012年6月国务院出台《国务院关于支持赣南等原中央苏区振兴发展的若干意见》以来，赣南苏区减贫进程加快，扶贫工作成效显著。截至2015年年底，与“十一五”相比，赣州脱贫145.22万人，贫困发生率下降了19.88%，减贫速度快于全省和全国平均水平。这些成果主要得益于赣南地区创造了一系列产业扶贫模式：①“龙头企业+合作社（基地）+贫困户”围绕脐橙、油茶、蔬菜等主要优势产业开展的产业扶贫模式；②“金融服务+”引导银行业机构对接因“缺产业、缺资金”致贫的贫困地区和贫困农民给予资金支持的产业扶贫模式；③“特色旅游+”充分发挥老区生态、红色、客家文化旅游业的拉动力、融合能力及其集成作用的产业扶贫模式；④“互联网+”搭建电商平台让生产特色产品的贫困农民与买家无缝对接的产业扶贫模式。

2. 苏陕产业扶贫协作项目的成效

2017年以来，苏陕两省以项目带动为载体，以产业合作为重点，深入开展扶贫协作，加快了陕西省贫困地区人民脱离贫困的步伐。据统计，2017年陕西省56个贫困县（区）与江苏省51个县（市、区）进行对接。江苏省省级层面累计投入资金达6.41亿元，重点支持苏陕扶贫协作项目建设559个，带动了约117亿元的社会投资。苏陕产业扶贫协作项目获得如此丰硕的成果，主要得益于以下三点：第一，两省制定了一系列产业优惠政策；第二，加大力度扶持推进创新产业脱贫模式；第三，产业扶贫项目在当地可以落地生根。

8.2 小额信贷架起信贷桥梁

国内学者根据小额信贷在国内的实行情况，将小额信贷定义为为贫困农民提供小额度贷款服务，帮助其摆脱贫困的一种特殊信贷方式。然而，在精准扶贫实施过程中，小额贷款扶贫这种模式是指专门为建档立卡贫困农户量身定制的户均贷款5万元以下、3年以内、基准利率放贷、政府贴息、县建立风险补偿金的免担保、免抵押的信用贷款。

8.2.1 小额信贷扶贫的特点

第一，小额信贷扶贫具有中介性。在小额信贷扶贫出现之前，一方面，信贷机构因为贫困农民资信水平较差、贷款回收风险大等原因导致贫困农民存在贷款难的特点；另一方面，贫困农民因缺乏有效的担保，而被小额信贷机构拒绝贷款，导致难贷款。目前，这些问题在小额信贷扶贫政策出现后都得到了较好的解决。第二，小额信贷扶贫具有扶贫性。顾名思义，小额贷款扶贫的主要对象是贫困农民，相比其他贷款方式，具有利率低、贴息、免担保、免抵押的优势，这些都给予了贫困农民极大的经济支持。

案例

1. 福建龙岩市小额信贷扶贫成效

龙岩市位于福建省西部，是省三大林区之一，当地居民以种植、养殖业为主，抗自然风险能力较低，总体生活水平不高。截至2017年8月末，未脱贫人口19 110户、56 916人。在2017年1—8月，当地政府发挥在扶贫开发中的主导作用，共发放扶贫小额信贷贴息资金554.53万元，扶贫小额信贷担保基金8 800万元，可撬动扶贫信贷资金4.95亿元。在这期间，全市累计发放扶贫小额信贷1.97亿元，扶持贫困农民4 842户。同时，全市共有85个农村企业及各类经营组织主体获得风险担保贷款，共计2 210万元，共带动贫困农民492户。此外，龙岩各县（市、区）扶贫小额信贷风险担保金均设立专户，并由扶贫开发有限公司等担保机构实行封闭运行。

2. 安徽省小额信贷扶贫成效

从2012年年底至2017年年底，安徽全省贫困人口由679.1万人下降至120.2万人，减少了558.9万人；贫困发生率由12.6%下降到2.2%，减少了10.4个百分点。安徽省把推进扶贫小额信贷工作作为加快产业扶贫发展、激发贫困人口内生动力和促进增收脱贫的重要举措。2018年，安徽省不仅坚持户贷户用户还，还创新推广“户贷户用自我发展、户贷户用合伙发展、户贷社管合作发展、户贷社管合营发展”等扶贫小额信贷“一自三合”模式。目前安徽全省到户产业扶贫项目覆盖率达到97%，极大地促进了贫困群众增收脱贫。

8.2.2 小额贷款扶贫存在的问题

第一，扶贫目标与信贷机构存在偏差。扶贫小额贷款重点支持的对象是建档立卡的贫困农民，这些农户由于缺少信任积累，导致难以获得信贷机构的有效授信额度，阻碍了小额贷款的获取。第二，贫困农民对小额信贷认识不足。部分贫困农民对小额贷款政策的理解不足，认为扶贫小额信贷只是不用支付利息的小额度贷款，弱化了小额贷款扶贫政策的社会效应。第三，扶贫主体之间缺乏协同效应和健全的风险管理机制。贷款前后各部门的协作机制存在差异，贷前、贷中较好，贷后较差。还有信贷机构积极性不高。这是因为贷款对象均为弱势群体和弱势产业，信贷机构在执行基准利率的同时又要承担较高的成本。

8.3 易地安置改善生存环境

易地安置扶贫始于1983年在甘肃定西市、河西地区和宁夏西海固地区进行的扶贫。20世纪80年代到90年代中期，易地安置扶贫主要在粤北、广西的部分地区实施。随后几年，易地安置扶贫模式逐渐铺开。从2001年开始，国家发展和改革委员会开始安排专项资金，在全国范围内组织开展易地安置扶贫试点工程。2015年10月，在减贫与发展高层论坛上，习近平主席正式明确了易地安置扶贫的重要地位，主要是为了解决贫困地区农户由于缺乏资源等恶劣

声音

把贫困人口从自然条件恶劣的地方搬出去是精准扶贫、拔掉穷根的重要方式

李克强（中共中央政治局常委、国务院总理）：把贫困人口从自然条件恶劣的地方搬出去，是精准扶贫、拔掉穷根的重要方式，搬出去天地就宽了，就医、出行、上学的条件更好，可以生出好日子的“新根”。消除绝对贫困是“十三五”时期务必打赢的攻坚战，是必须补上的“短板”，要横下一条心，憋足一股劲，啃下这块硬骨头，不让贫困群众在全面小康路上掉队。

的生存环境而引起的生存和发展问题。易地安置扶贫是以贫困农民自愿、应搬尽搬为基本原则，通过实施整村搬迁和分散搬迁方式，将贫困农民逐步搬迁到生存条件较好的地方安置，这不仅可以改善他们的生活条件，还能提供就业发展机会使他们能安居乐业。

8.3.1 易地安置扶贫的特点

第一是集中安置。这种安置根据所选区域的不同分为两类情况。第一类是选择拥有较好基础设施、交通便利的中心村或行政村对贫困户进行安置。第二类是依托新型城镇化建设，将贫困农民集中安置在当地城镇或工业园区内。第二是分散安置。主要是将小规模的搬迁人口，插花式安置到公共设施较完善、有闲余房屋或耕地等资源的地方。

案例

1. 广西易地安置扶贫成效

广西壮族自治区农村贫困人口从2010年的1 012万人缩减至2015年年底的452万人，贫困发生率降低至10.5%，累计易地安置扶贫搬迁群众30.9万人。在“十二五”期间，广西地区完成投资84.06亿元，建设搬迁安置住房530.5万米^2、配套设施193.8万米^2，建设标准农田6.9万亩*，修建水利渠道144.6公里，新（改）建乡村公路953.3公里，新建人畜饮水工程510处，铺设供水管道1 157.9公里，建设电网662.5公里，新建沼气池4 830座，建设村级公共设施7万米^2，切实解决了移民群众住房难、外出难、用水难、用电难、教育难、就医难、通信难等问题。截至2017年年底，广西自治区累计搬迁35.97万贫困人口。

* 亩为非法定计量单位，1亩≈667米^2——编者注。

2. 陕西南部地区易地安置扶贫成效

陕南地区常年饱受地质灾害之苦，陕南群众陷入“受灾—重建—再受灾”的循环式贫困。2010年12月6日，陕西省政府审议了陕南地区避灾移民搬迁安置总体规划，计划用10年时间，将移民安置点选择在地理位置安全的地方。陕西南部地区搬迁社区的选址也一直遵循“靠城、靠镇、靠园区”的基本思路。同时，依托东部产业转移，陕南地区大量搬迁户也已完成由普通农民向产业工人的转移。在实施搬迁后，地方乡村环境焕然一新，陕南220万群众也改变了命运，从灾害不断的险地搬到安居乐业的家园。

8.3.2 易地安置扶贫存在的问题

第一，连片贫困地区搬迁涉及人口多、难度大。需要易地安置扶贫的地区往往集中在连片贫困地区，这些地区经济发展比较落后，贫困代际传递倾向明显，需要搬迁的人口众多，搬迁难度增加。第二，部分贫困农民缺乏搬迁意愿。部分贫困农民对土生土长的地方存在较强的依附性，他们已经熟悉当前的生存环境，而搬迁会在他们心里带来恐慌和排斥，从而加大搬迁难度。第三，资金缺口大。由于搬迁涉及建设用地、基础设施的建造，这些项目都需要大量资金，导致搬迁时资金紧张。

8.4 教育扶贫革新脱贫思维

贫困地区贫困的原因有很多，其中有一点就是贫困地区的农民教育程度低，在思想、文化、观念上比较陈旧。在实施精准扶贫的国家战略中，教育扶贫就是要高度认识与重视教育事业，要把贫困地区人才培养作为帮扶重点，同时需要各级地方政府和企业事业单位积极配合。通过实施教育扶贫，提高贫困地区人口的文化素质、科学素质、思想素质，使他们产生穷则思变的内生动力，同时引导有行为能力的贫困农民去开发利用本土资源特色，帮助自身走出贫困。

8.4.1 教育扶贫的特点

第一，提高贫困农民的综合素质，既可帮助有劳动能力的贫困农民提高劳动生产率，也可为地区产业的发展提供高质量的劳动力。第二，为农村贫困地区培养新型农民，从而切断恶性循环的贫困链。第三，教育扶贫不仅是国家扶贫开发战略的重要任务，也是实现教育公平和社会公正的重要方面。

案例

1. 内蒙古兴安盟教育扶贫成效

兴安盟位于我国集中连片特困地区的大兴安岭南麓山区，是内蒙古自治区唯一的特困地区。由于兴安盟具有贫困农民集中、贫困区域大的特点，为了实现贫困地区教育扶贫，大力发展教育，地方政府出台了一系列政策，并取得了一定的成效。首先，大力发展学前教育。截至2016年6月，内蒙古兴安盟共建设农村幼儿园233所，154所已投入使用，新增学位8 745人，有效增加了全盟学前教育资源总量，极大改善了农村牧区办园条件；其次，均衡发展义务教育。截至2015年，农村牧区小学校数占全盟总小学校数的67.2%，学生数占总小学学生数的46.7%。农村牧区初中校数占全盟总初中校数的65.2%，农村牧区初中学生数占总初中学生数的24.3%；再次，引导和推动普通高中多样化发展。在一些初高中开展民族文化教育、实施国学经典传统文化教育和体育艺术教育等。

2. 安徽省教育扶贫成效

2017年，安徽全省累计发放100.1万人次贫困家庭学生资助资金，金额达11.35亿元。安徽省全省应补尽补3.1万人次“雨露计划”，补助金额约8 000万元。春秋两季“雨露计划”共发放9.9万人次、15 186万元。在国家、地方和高校三个定向招生计划的实施下，贫困地区农村学生进入重点高校达7 190名。

8.4.2 教育扶贫存在的问题

第一，资金紧张。特困地区经济基础薄弱，财政拮据，缺少足够的经费支撑教育扶贫。第二，师资力量不足，结构不合理。一方面，教师数量偏少，师生比过低；另一方面，贫困地区学校待遇缺乏竞争力，导致人才外流，教师队伍素质水平偏低。第三，教育管理水平相对落后。贫困地区教育发展严重滞后，办学体制改革不适应教育现代化的发展趋势，多数仍是以政府主导的办学模式，缺乏办学主体多元、形式多样的办学体制，教育资源分配取决于行政命令，市场化程度低。

8.5 生态扶贫实现生态平衡

生态扶贫是改善生态环境、使贫困农民稳定脱贫的最佳途径。生态扶贫就是在坚持生态建设与扶贫开发同步进行，生态恢复与脱贫致富相互协调的原则下，结合生态综合治理和保育项目，挖掘生态建设和生态保护性就业岗位，为当地贫困劳动力提供生态就业机会，提高其收入水平。同时，通过生态移民与劳务输出等扶贫开发方式和转变原有资源粗放经营的方式，从而减轻人口对当地生态环境的压力，有效解决贫困地区人口、生存与生态环境的矛盾，实现贫困农民稳定脱贫致富。

8.5.1 生态扶贫的特点

第一，维护贫困地区生态健康。中国贫困地区与重点生态功能区、生态脆弱区高度重叠，其中有相当一部分地区的生态环境破坏程度已超过了可承载能力的界限。因此，在这些地方实施生态扶贫可以保护当地的自然环境。第二，提升贫困农民收入水平。一方面，将当地有劳动能力的部分贫困农民转为生态建设人员或生态保护人员，增加他们的收入；另一方面，随着重点生态功能区转移支付补助制度、重点生态工程补偿制度、生态服务消费市场补偿制度等制度的不断完善，贫困农民作为保护生态的重要主体，可借此提高收入水平。

案例

1. 宁夏生态扶贫成效

宁夏结合实施精准造林工程，依托政策直补和生态管护，开展了一场生态扶贫的生动实践，具体成效有以下几点：①依靠精准造林助力精准脱贫。通过造林绿化工程，优先使用贫困农民苗木和利用贫困劳力，平均每户增收1万元。②依靠退耕政策直补助力生态扶贫。2015年，全区启动新一轮退耕还林工程以来，兑现退耕农户政策补助资金1.75亿元，兑现第一轮退耕还林完善政策资金9.98亿元，153万退耕农民人均直接受益652元。③依靠生态管护助力生态扶贫。2016年，海原县等9个国家重点贫困县（区）启动建档立卡贫困农民生态护林员选聘工作，每人年补助1万元。④依靠林业产业助力生态扶贫。目前全区主要经济林种植面积243万亩，其中枸杞

90万亩，苹果54.8万亩，红枣57.2万亩，直接带动34万农民从事林业产业。⑤依靠供给侧结构性改革助力生态扶贫。一是以“三去一降一补”（去产能、去库存、去杠杆、降成本、补短板）优化贫困地区产业结构。二是以产品质量提升有效增加贫困农民“钱袋子”，引导贫困农民狠抓生态产品标准化生产、品牌创建、质量安全监管，参与一二三产业融合发展和全产业链发展。⑥依靠科技创新助力生态扶贫。

2. 贵州生态扶贫成效

贵州以喀斯特地貌的高原山区为主，生态条件脆弱，扶贫任务艰巨。因此，贵州省以大开放促进绿色发展，以绿色发展助推精准脱贫。近年来，贵州省大力实施大生态战略行动，坚持生态优先、绿色发展，坚持绿水青山就是金山银山。2017年，贵州省通过退耕还林工程建设和发展刺梨、油茶、核桃等林业产业，吸收171.9万人次农村人口就业，参与农户人均增收865元。2018年1月，贵州省政府办公厅印发了《贵州省生态扶贫实施方案（2017—2020年）》。贵州省将通过实施生态扶贫十大工程，在摆脱贫困中不断增强保护生态、爱护环境的自觉性和主动性，实现百姓幸福和生态美好的有机统一。

8.5.2 生态扶贫存在的问题

第一，当地贫困农民脱贫能力低。一方面，需要生态扶贫的地区往往在边远地区，当地基础设施差，农村缺乏经济发展的动力以及提高农民收入的机制；另一方面，由于部分贫困农民致富手段匮乏，收入微薄，长期只能依靠政府进行“输血”，导致这部分农民自身发展意识薄弱，进取观念不足。第二，扶贫开发中生态保护的意识不足。经济发展水平提升的同时，生态环境保护压力增大，经济发展与生态保护的矛盾尖锐。

8.6 科技扶贫注入创新动力

科技扶贫是指先通过宣传推广先进适用的农业技术和培训贫困农民，然后把先进的技术和科研成果应用到贫困地区，改变贫困地区原有经济模式。科技扶贫不仅可以提高贫困农民的文化修养、科学素质和生产技能，同时还能提高其开发资源的水平和劳动生产率，从而推动贫困地区的经济发展，加快实现贫困农民脱贫致富。科技扶贫的关键在于通过宣传和培训等方式使科学技术在农户或农村经济实体内部蓄存起来，形成智力资本积淀，通过实践生产活动，形成增值力和扩张力，从而成为扩大再生产的源泉，帮助贫困农民脱贫致富。

8.6.1 科技扶贫的特点

第一，增强贫困农民自我发展能力。基于市场导向和科技先导的原则，科技扶贫帮助贫困地区科学合理地开发资源，提高贫困农民参与市场竞争的能力，实现自我发展的良性循环。第二，注重引进先进、成熟、适用的技术。由于农业技术在地域性和适应性上存在差异，因此，在向贫困地区引进技术时，应该选择成熟且适合贫困地区的技术。第三，与教育共进。科技和教育是不可分的，首先只有对贫困农民进行培训和指导，才能有效提升贫困农民对科学技术的认识，从而提高劳动生产率。第四，与产业共融。科技水平的提高是推动产业发展的关键因素之一，只有提高贫困户的科技掌握能力，才能进一步推动贫困地区的产业发展。

8.6.2 科技扶贫存在的问题

第一，资金投入有限。科技扶贫项目自身技术含量高，需求资金大，资金投入不足很大程度上制约了贫困地区科技扶贫的开展。第二，产业支撑薄弱，难以带动增收。贫困地区龙头企业偏少，规范化的农业合作社不多，科技含量低，产业链不长，产品销售难，带动贫困农民增收的作用有限。第三，贫困农民新知识接受能力不足。贫困地区长期基础教育薄弱，贫困群众文化素质偏低，接受新知识能力较差，影响新技术的普及。第四，社会参与度不足。当前科技扶贫仍是政府单一主导，利益联结分散，影响扶贫效果。

案例

1. 四川省攀枝花市科技扶贫成效

四川省攀枝花市从2011年起，由市民宗委、市农林科学研究院、仁和区福田镇三方共同创建福田杧果科技成果转化示范基地，创立了科技“精、准、快”福田扶贫模式。“精”，对科技成果转化编制了三年规划、年度计划、月度内容，每家示范户果园每个问题对应一个方案，并无偿提供科技新成果、新品种、新农资，形成了系统规范的科技扶贫机制；“准”，采用“首席专家统一主管技术，团队专家分户（示范户）分片管理、专家-示范户-对子户捆绑考核与动态管理”，实现了科技专业人才与贫困农民的紧密结合；“快”，利用高效的科技新成果推广，迅速扩大了产业规模，带动农民增收。福田模式破解了现实存在的农业科研与农业发展相脱节、农业科技成果转化周期长效率低等问题，建立“专家-示范户”，“专家-示范户-对子户”等帮扶模式，创造了科技扶贫新模式。

2. 青海省科技扶贫成效

2017年，青海省科技厅精心组织实施科技信息支撑、科技人才支撑、产业技术支撑和科技扶贫示范四大行动。组织实施科技信息支撑行动，以信息化为手段，搭建了青海省精准扶贫信息化服务平台，建立完善了科技服务体系，为精准扶贫各项工作的开展提供了事先预警、事中监控、事后评估等监管考核功能。组织实施科技人才支撑行动，围绕农村科技特派员和“三区”人才队伍建设，不断提升贫困地区科技服务能力和水平。与地方政府、相关行业管理部门及科研院所、大专院校进行对接，促进科技、人才、资金等要素向基层及贫困地区汇聚。组织实施产业技术支撑行动，以各级农业科技园区为重点，结合科技特派员农村创新创业工作，重点围绕油菜、马铃薯、蚕豆、青稞等高原特色十大农牧业产业，示范推广了一批新品种，集成转化了一批新技术新成果。组织实施科技扶贫示范行动，依托青海省农村信息化综合服务平台和青海大学新农村研究院签约专家，通过科技特派员在民和县开展了农村信息化主动推送服务，构建了“专家－科技特派员－农户”三位一体的青海省农村信息化主动服务模式。

8.7 健康扶贫保障生命健康

健康扶贫是指通过采取有效的措施，提升贫困地区的医疗卫生服务能力，保障贫困农民享有基本医疗卫生服务，全面提升贫困农民的健康水平，防止出现因病致贫、因病返贫。健康扶贫是精准扶贫的重要内容，是实现健康中国战略的关键环节，其重点关注对象包括低收入人群、残疾人、重大疾病患者、长期慢性病患者、老年人、流动人口、留守儿童等特殊群体。

8.7.1 健康扶贫的特点

第一，降低贫困农民的健康脆弱性。贫困地区大多地广人稀，需要服务的医疗半径较大，而医疗资源又相对匮乏，导致贫困农民健康资源占有量少，具有较高的健康脆弱性。第二，降低贫困农民医疗负担的脆弱性。农村居民收入较低，导致其在应对疾病方面显现出更高的经济脆弱性。第三，降低贫困农民获取健康资源的社会脆弱性。健康政策分散，报销程序繁琐复杂，导致农村居民在获取健康资源上显现出一定的社会脆弱性。

案例

江西省健康扶贫成效

江西省持续关注农村贫困人口因病致贫、返贫的问题。在实施新农合、新农合大病保险和民政医疗救助三道防线的基础上，江西省探索试点实施农村贫困人口疾病医疗补充保险政策，并共同构建起保障健康的“四道防线”。江西省取消建档立卡贫困人口在县级定点医疗机构住院补偿起付线，并且提高慢性病新农合门诊和住院的保障水平。从2016年起，江西省将建档立卡贫困人口慢性病的门诊补偿比例由40%提高到50%，年度的封顶线也从3 000元提高至4 000元。此外，江西省对建档立卡贫困人口新农合大病保险报销起付线下降15%，同时也将补偿的比例提高了5个百分点。

8.7.2 健康扶贫存在的问题

第一，目标理念偏差。健康扶贫政策对健康风险因素消除和健康服务能力提升关注度不够，无法从根本上解决因病致贫返贫问题。第二，瞄准对象不精准。精准识别、建档立卡存在分类不精准的现象，由此存在因病致贫户“非因病致贫”，而非因病致贫户却“因病致贫”的乱象。第三，对口帮扶的效果不明显。由于贫困地区医疗机构诊疗技术和服务能力不足，导致患者医疗需求无法得到满足。第四，健康服务的传递体系不完善。贫困地区缺乏高技术的医疗人员，而大医院优质医疗资源又难以进入贫困地区，导致农村多层次的健康服务传递体系难以有效建立。

9 审度时宜　虑定而动

——新阶段我国脱贫攻坚战的需求与特点

不忘初心，方得始终。消除贫困，提升人民群众生活质量，实现共同富裕，是社会主义社会的本质要求，是经济社会发展的重要内容，也是中国共产党矢志不渝的政策目标。改革开放以来，历届党中央领导集体都将扶贫工作放在重要位置，通过借鉴国内外先进的反贫困理论和经验，结合中国的实际情况和时代背景，提出了一系列新思想、新观点和新举措。经过数十年的不懈努力，中国共产党带领全国各族人民探索出了一条具有中国特色的扶贫开发道路，帮助7亿多农村人口摆脱贫困，并率先完成了联合国的千年发展目标，在人类反贫困历史上留下了浓墨重彩的一笔。

回顾过去的辉煌成就固然可喜，但全面建成小康社会的宏伟目标还没有完全实现，贫困现象仍然存在，并且这些依然贫困的地区都有较大的脱贫难度，扶贫开发工作已经进入了攻坚克难的关键时期。知己知彼方能百战百胜，政策制定者首先要对当前的扶贫新形势有全面的了解和清醒的认识，要把握好贫困人口的切实需要和扶贫工作的准确需求，还要认清当前扶贫工作中面临的重大困难和挑战，以便能够根据实际情况来开展扶贫行动，政策制定做到有的放矢。

9.1 零星散布为主，地区连片尚存

9.1.1 零星散布成为主流

目前，经过各级政府和广大扶贫工作者的不懈努力，我国的贫困现象已经有了极大改善，大部分贫困地区实现了整体脱贫，总体贫困面在逐步缩小。但贫困现象依然存在于全国各个地区，且剩余的贫困人口更加集中地聚居在更小的地理范围内，贫困人口的分布特征从带状分布逐渐转变为点状分布，呈现出零星散布的新态势。

贫困人口分布新的变化具体表现在以下几个方面：第一，从近年来的国家统计数据来看，国家级贫困县中贫困人口的比重在不断降低，而全国贫困人口有近一半分布在贫困县范围之外，贫困户呈现出明显的分散性。这就说明以县为单位的大面积贫困现象已经显著减少，大多数地区通过政府的帮助和自己的努力都能甩掉贫困的帽子。第二，从地域分布上来看，东部发达地区贫困人口的数量和分布范围较小，贫困人口主要集中于中西部地区。这是由于东部发达地区的经济条件较好，有更多的财政资金投入、更完善的扶贫开发体系，“有钱好办事”，其减贫速度自然快于中西部地区。第三，从民族分布上来看，少数民族地区的贫困人口往往脱贫困难，表现出明显的贫困人口向少数民族聚居地区集中的迹象。

拓展阅读

东西部扶贫协作结对关系

2016年12月，中共中央办公厅、国务院办公厅印发了《关于进一步加强东西部扶贫协作工作的指导意见》，意见中提出要对原有的东西部扶贫协作结对关系进行适当调整：北京市帮扶内蒙古自治区、河北省张家口市和保定市；天津市帮扶甘肃省、河北省承德市；辽宁省大连市帮扶贵州省六盘水市；上海市帮扶云南省、贵州省遵义市；江苏省帮扶陕西省、青海省西宁市和海东市，苏州市帮扶贵州省铜仁市；浙江省帮扶四川省，杭州市帮扶湖北省恩施土家族苗族自治州、贵州省黔东南苗族侗族自治州，宁波市帮扶吉林省延边朝鲜族自治州、贵州省黔西南布依族苗族自治州；福建省帮扶宁夏回族自治区，福州市帮扶甘肃省定西市，厦门市帮扶甘肃省临夏回族自治州；山东省帮扶重庆市，济南市帮扶湖南省湘西土家族苗族自治州，青岛市帮扶贵州省安顺市、甘肃省陇南市；广东省帮扶广西壮族自治区、四川省甘孜藏族自治州，广州市帮扶贵州省黔南布依族苗族自治州和毕节市，佛山市帮扶四川省凉山彝族自治州，中山市和东莞市帮扶云南省昭通市，珠海市帮扶云南省怒江傈僳族自治州。

9.1.2 连片贫困重点解决

2011年，在中共中央、国务院印发的《中国农村扶贫开发纲要（2011—2020年）》中，政府明确提出要把连片特困地区作为新时期扶贫开发的主战场，并界定了14个集中连片特困地区，主要分布于各省山区、西藏、新疆等地。这些地方多数是传统意义上的“穷山恶水”，生态环境较为恶劣、自然灾害频发，不是位于海拔较高的山地，就是石漠化严重的沙漠边缘地带，抑或是人迹罕至的边远地区。从古至今，人们在其中生存已属不易，贫穷与落后更是伴随始终。更重要的是，这里生活着全国一半以上的贫困人口，贫困发生率远超全国平均水平，2010年14个连片特困地区人均地区生产总值为10 774元，仅相当于全国平均水平的1/3。这里的经济发展落后、致贫原因复杂、脱贫手段单一，可以说囊括了阻碍我国脱贫事业顺利完成的绝大部分难题。

拓展阅读

集中连片特困地区

2011年印发的《中国农村扶贫开发纲要（2011—2020年）》，作为一个时期我国扶贫开发工作的纲领性文件，第十条明确指出，六盘山区、秦巴山区、武陵山区、乌蒙山区、滇桂黔石漠化区、滇西边境山区、大兴安岭南麓山区、燕山-太行山区、吕梁山区、大别山区、罗霄山区等区域的连片特困地区和已明确实施特殊政策的西藏、四省藏区、新疆南疆三地州是扶贫攻坚主战场，这也是新阶段扶贫开发工作的重大战略举措。

相较于传统的扶贫模式，新时期的扶贫工作更强调准确性和有效性。首先，连片特困地区的贫困识别机制不完善，程序执行不规范，缺少全面的信息，无法做到精准识别，也没有对扶贫对象进行动态跟踪监测，极易造成扶贫对象“脱靶”；其次，基础设施薄弱，交通、电力、通信、农田水利等建设落后，即使是自然资源丰富的地区也会由于软硬件设施的短缺而面临开发不足的窘境；最后，缺乏高素质劳动力，一方面是务工者、创业者文化程度低，另一方面是当地年轻人多外出打工，劳动力流失严重。窥一斑而知全豹，解决了集中连片特困地区的贫困问题，就相当于找到了打开贫困枷锁的钥匙，对解决区域性整体贫困有着极为重要的意义。

新的扶贫形势决定了新的政策需求，面对贫困户更加分散的新态势，以往以县为单位的扶贫措施就显得较为低效。因此，政府选择将扶贫瞄准目标由县级转变为村级，深入贫困人群之中，扶贫资源倾向于直接惠及农户；对于连片贫困地区严峻的扶贫形势，政府除了需要加大对这些经济薄弱地区的扶贫资金投入，还应当结合当地自然资源、地理环境、文化特色等实施有针对性的扶贫专项行动。

9.2 亟须全面帮扶，期待多方合力

9.2.1 全面扶贫新阶段

2011年，中共中央、国务院在发布的《中国农村扶贫开发纲要（2011—2020年）》中提出了新的扶贫目标和战略，这也标志着扶贫工作有了新的重点和需求。经过21世纪前10年的扶贫开发，我国农民基本的温饱问题已普遍得到了解决，贫困户有了最低的生活保障，许多以往贫困落后的地区纷纷旧貌换新颜，泥巴路、土坯房和衣衫褴褛的人们越来越少，精神饱满、乐观向上的“新农民”逐渐成为农村的主流。当前，农民的生活水平相对于以往虽大幅提升，但离彻底消灭贫困的最终愿景仍有差距，还未达到我国政府实现全面小康的最终目标。

久困于穷，冀以小康。全面小康可以理解为一种比较宽裕的生活状态，“不愁吃、不愁穿”只是基本预期，因此，扶贫新阶段的目标就要在原目标上全面升级，对扶贫政策的制定和实施也有更高的要求。首先，要从简单解决温饱向全面解决贫困户的生存与发展转变，变“输血”为“造血”，除了保证基本的温饱外，还要关心贫困户的收入、就业与长期发展，以使其能够自食其力、脱贫致富。其次，不仅要满足农民的物质需要，还要满足农民的社会服务需要，要让孩子们上得起学、病人们看得起病、老人们有人关心，农民们能享受到现代社会的科技与便利，在民生方面显著缩小城乡差距。最后，要将缩小农民之间的贫富差距纳入到目标中来，即从解决绝对贫困转变为解决相对贫困，时刻

链接

1.《中国扶贫行动》，黄承伟，五洲传播出版社，2015年。

2.《2020：中国消除农村贫困》，杨秋宝，北京人民出版社，2017年。

3.《我国贫困治理政策的回顾与展望》，唐梅玲、曹晅，《学习与实践》，2018年第3期。

关注最底层人民群众的生活状态，这也是共同富裕理想的一种具体体现。

9.2.2 多方合力保脱贫

俗话说家家有本难念的经，贫困具有很复杂的社会性，随着社会与经济形势的发展，不同类型贫困户的致贫原因各有不同，需要做到对症下药，这就使得扶贫开发成为一项复杂的系统工程。要做到面面俱到、不少一个，单靠政府的政策往往力有不逮，因此，凝聚全社会的力量广泛参与、共同合作，才能够保证扶贫工作在最大程度上取得令人满意的效果。从20世纪90年代起中国政府就意识到了这个问题，开始鼓励并开展社会力量参与定点扶贫和东西部协作扶贫等工作。“一个篱笆三个桩，一个好汉三个帮”，在新阶段，各扶贫力量之间如何做到协同发力、相互补充，让想出钱的能出钱、想出力的出到力，最终把社会各界的爱心变为实际的行动，是政府需要关注的重点和难点。同时，要建立起社会组织帮扶主体与贫困人口信息对接机制，要保证社会组织的帮扶和贫困人口的发展需求能有效对接，还要定期组织动员社会各界爱心人士、各志愿者团体积极开展扶贫志愿活动。

全面扶贫既要多拉帮手，也需多找方法。各地政府应当对多年来的扶贫工作和实践经验进行总结，不拘泥于以往的模式，发展多种多样的新方法，真正做到百花齐放，让各种贫困类型都能在其中找到适合自己的那一款“灵丹妙药”。另外，在扶贫政策设计的层面，还应当注意把专项扶贫、行业扶贫和社会扶贫这三个维度整合起来，形成全面深入的扶贫体系，让减贫的效果更加全面、精准、长效。

案例

聚集社会力量，书写“云上丹寨”的扶贫诗行

贵州省丹寨县是一个国家级贫困县，也是一块多年难以啃下的扶贫“硬骨头”。为了斩去穷根，丹寨曾尝试过多种方法，包括建设土猪扩繁场、硒锌茶叶加工厂，或招聘当地劳动力去企业打工等，但效果都不理想。经过长期摸索，丹寨放弃了“企业出钱、政府发钱”的老路子，开发出各种社会力量参与脱贫攻坚事业的新模式，避免让扶贫成为政府的“独角戏”或者帮扶企业的“独奏曲”。政府、民营企业、致富带头人、贫困户齐心协力，建立起脱贫攻坚的统一战线，资本、政策、旅游、文化、教育等资源集腋成裘，集中了力量，却不急于大干快上，或是复制什么“成功经验”，而是开拓思路，大胆尝试，最终找准了适合自己的发展产业和脱贫路径。

9.3 攻坚深度贫困，克服返贫难题

9.3.1 深度贫困难上加难

虽然扶贫开发工作已经进行了多年，但在自然条件更为恶劣、经济发展更为落后的地区，仍然存在难以突破的扶贫困境，这些地区就是深度贫困地区。上文中提到的集中连片特困地区均属于深度贫困地区，除此以外还包括各地的深度贫困县、贫困村。深度贫困地区脱贫的难度和复杂程度都远超其他地区，习近平总书记就曾强调：“脱贫攻坚本来就是一场硬仗，而深度贫困地区脱贫攻坚是这场硬仗中的硬仗。”

究其原因，主要有以下几点：第一，深度贫困地区往往生态环境脆弱、自然灾害高发、农业生产条件差，人们费尽辛劳却得不到相应的回报，就更不要说积累财富了。因此，这些地区往往缺乏组织开发自救的物质条件和人力资本，要钱没钱、要人缺人，极易陷入到持续性的贫困中去。第二，许多深度贫困地区地处偏远，与外界长期脱节，现代文明程度低，还保留了许多陈规陋习，如婚丧嫁娶讲排场、搞攀比，办事讲人情，官僚主义严重等。第三，一些

群众有“等靠要”的思想，对主动脱贫的积极性不高，存在“群众不急干部急”的现象。总而言之，深度贫困地区的发展潜力和发展能力十分有限，不仅扶贫投入大，而且需要有适当规划和长期建设来保驾护航，否则这些地区就会沦为吞噬扶贫资源的无底洞，可以说是扶贫攻坚中最难啃的“硬骨头”。

9.3.2 防止返贫关乎成败

精准扶贫是当前扶贫开发工作中必须坚持的重要措施，而其难点就在于如何做到稳定脱贫不返贫。当前我国的贫困标准线偏低，一些贫困人口又往往缺乏足够的能力和资本，难以抵挡因天灾人祸或经济波动而导致的收入骤降。如果目前的脱贫工作质量不高，一些贫困人口即使现在脱贫了，将来也很有可能重新返贫，这样整个脱贫工作的效果将会大打折扣。另外，贫困是个相对概念，农村现在的绝对贫困人口脱贫并不意味着扶贫工作的终结，农村的贫困还将以相对贫困和多维度贫困的形式继续存在，扶贫工作也会继续进行下去。

一个地区的基层政府要做到真脱贫不返贫，就需要建立可持续的长效脱贫机制。可持续就是要在制度层面上保障贫困户脱贫后不会返贫，同时在出现新的贫困或返贫现象时能够有效地兜底保障。例如在落后地区开展教育扶贫工作，提高当地义务教育水平，不仅是防止返贫的重要保障，还能有效防止新的贫困产生。

脱贫长效机制的建立，一方面，要看当地经济发展、基础设施建设以及贫困人口就业情况，尤其是对于深度贫困地区来说，这些方面至关重要，因为那里最缺的就是基础设施建设的投入和带动经济发展的产业；另一方面，还要看是否有能够可持续发展的扶贫产业，因地制宜地推动特色产业建设，培育和推广有竞争力的特色产品。但从目前经验来看，各地区扶贫的结果普遍难以做到让贫困人口的收入达到较高的水平，有些即使做到但可持续性较低，收入波动大，长效脱贫机制的建立有待进一步加强。

案例

青岛：社会保障多层次 政府兜底防返贫

青岛市政府在《青岛市“十三五”脱贫攻坚规划》中指出，针对本市贫困人口因病、老、残、弱致贫占比大的现实情况，青岛市政府坚持把完善基本公共服务制度、发挥多层次社会保障的兜底作用作为实现精准脱贫、防止返贫的基本途径。市民政局积极推进农村扶贫与低保有效衔接，对完全或部分丧失劳动能力的16 000名贫困人口，全部纳入农村低保兜底。市残联全面实施阳光家园项目，共建成各类残疾人托养服务机构46家，托养残疾人8 800余名；建成定向安置农村贫困残疾人就业扶贫基地16处。市人社局、市卫计委等部门推行基本医疗保险、补充医疗保险等多层次医疗保障模式，对农村贫困人口大病保险起付标准减半，医疗费用支付比例提高5个百分点。将符合条件的农村贫困人口纳入大病医疗救助特药特材救助范围，大额救助不设起付线，通过政府兜底、补充医疗保险、商业保险等形式，减轻因病致贫家庭负担。2016年，2 131名省定患病贫困人口已落实分类救治措施，救治任务完成率81%；全市2 628名省定患病贫困人口已全部落实“八个一”工程。

9.4 优化扶贫政策，科学分类帮扶

9.4.1 靶向现实完善政策

以往的扶贫工作是卓有成效的，但目前冲刺阶段的扶贫任务依然艰巨，还有一些关系到这场扶贫攻坚战能否胜利的核心问题亟待解决，各项政策也需要调整。首先，虽然贫困发生率在持续下降，但由于我国近14亿人口的庞大规模，

贫困人口的绝对数量仍然可观，且不同于以往的是，当前形势下简单地加大扶贫力度可能效果不明显，还需要在开拓扶贫思路、制度创新、多元发展等方面继续努力，因此当前贫困人口脱贫的难度要远大于以往。其次，一些地方不顾贫困发生的客观规律，层层加码，提出提前完成脱贫的口号，这些行政性指令属于急功近利型的政策，严重影响精准扶贫的效果，在以后的扶贫工作中应当坚决杜绝。最后，导致贫困的原因多种多样，不同致贫原因的贫困户需要不同的帮扶措施，创立有效的筛选机制以准确识别贫困户的类别，是精准扶贫的重点和难点。

要实现到2020年“我国现行标准下农村贫困人口实现脱贫，贫困县全部摘帽，解决区域性整体贫困”的目标，可谓时间紧任务重，未来更有可能遇到各种问题与挑战。在今后的扶贫工作中，实事求是地寻找存在的问题，并做到科学分析和准确决策是实现全面脱贫的根本途径。

9.4.2 科学分类精准帮扶

以前，由于我国经济条件落后，扶贫工作和经济发展有很强的相关性，一个地区的经济发展上去了，自然就会带动一大批人摆脱贫困，所以当时粗放式的扶贫政策是主流。然而，随着整体贫困形势的变化，范围小、程度深的贫困人口成为常态，缺乏精准度的“大水漫灌”方式已不再适用于今后的扶贫工作，而应当在细致划分不同贫困户的类型和致贫原因的基础上，做到“精准滴灌、对症下药”，依据贫困户的致贫原因对其采取不同的扶贫策略。目前我国的贫困人口大致分为两类：一类是因各种原因失去自理能力、行动能力的约束性贫困人口，一类是因缺少就业机会、就业技能和就业意愿的选择性贫困人口。对前一种贫困群众应当采取通过政策来保障其基本生活和医疗条件等救助式扶贫的方法，对后一种贫困群众应采取以提供就业、提高能力、帮助创业等开发式扶贫的方法，分别满足这两类人群的脱贫需要。

近年来，政府针对无劳动能力的弱势群体的支持在逐年提高，但财政资源是有限的，随着扶持数量的增加，个体得到的扶持力度不足以消除健康、教育等方面的致贫风险。一些贫困地区由于群众生活条件差不多，低保户的选定变成了农户轮流收益的平均分配格局。另外，由于低保资金来源于政府的转移支付，所以在基层施政的过程中往往会存在“精英捕获”的问题，如很多地方出现了村干部和相对富裕群体挤入低保户和贫困户的现象。这些现象都严重削弱了兜底扶贫的力量和效果，因此，兜底扶贫政策需要由重数量向重质量转变，要设计合理的识别和退出机制，缩小兜底面，提高兜底强度和效果。

案例

江苏：分类识别　效果显著

在上一轮扶贫工作中，江苏省坚持精准扶贫、精准脱贫，对147万户、411万低收入人口全面建档立卡，对扶贫对象实行动态管理、分类帮扶：对有劳动能力的，通过发展短平快增收项目、提供就业岗位等，促进增收脱贫；对没有劳动能力的，按照因弱、因老、因残、因病等致贫原因，统筹落实低保、养老、助残以及新农合、大病医疗保险等社会保障措施。瞄准经济薄弱村、锁定低收入农户，江苏组织机关党员干部、农村能人大户进行结对帮扶，做到每个低收入农户都有帮扶责任人、每个经济薄弱村都有挂钩帮扶单位，实现帮扶对象、帮扶责任人和帮扶项目“三落实”。

9.5 收入增加为要，能力培养尤重

9.5.1 增加收入为核心

政府在制定贫困线标准时参考的关键指标就是居民年人均纯收入，不同时期会略有差异。在当前的状况下，短缺型的温饱问题已得到基本解决，农民的

贫困问题主要表现为现金收入不足。习近平总书记在《关于〈中共中央关于制定国民经济和社会发展第十三个五年规划的建议〉的说明》中强调："综合考虑物价水平和其他因素，逐年更新按现价计算的标准。据测算，若按每年6%的增长率调整，2020年全国脱贫标准约为人均纯收入4 000元。"由此可见，收入的提升是解决贫困问题的关键。但是跨过温饱的门槛易，登上致富的阶梯难，简单地给予贫困户一些资金补助，或者帮助其找一份养家糊口的工作显然是不够的，通过各种手段让贫困户收入稳定提升才是下一阶段扶贫工作的重点。不论是吸引投资增加就业机会，开展职业教育给予技能培训，还是提供资金支持帮助自主创业等，都是可以借鉴的好办法。

9.5.2 能力培养是重点

当前扶贫开发工作最重要的是提升贫困户的自身能力，坚持智力扶贫，改变其以简单的体力劳动谋生的方式。正所谓技多不压身，为有劳动能力的贫困人口提供更加充足、更加实用的职业技能培训无疑是正确的决策。随着经济社会的不断发展，不论是从事农业生产还是外出务工，对劳动者素质的要求都越来越高，有一技之长的人走到哪里都不会饿肚子。我国目前的情况是，农村贫困人口教育水平普遍较低，大部分人只能从事简单的体力劳动，迫切需要进行技能培训和提高文化水平。与此同时，扶贫也要注重采用智力扶贫与观念提升相结合的办法来增加贫困户的内生动力。贫困村民往往文化程度不高，甚至依然存在一些文盲，他们思想保守，缺少市场意识，在当前高科技、高分工的现代社会难以发现增加收入的机会，这在一定程度上阻碍了扶贫工作的顺利开展。因此，既要通过宣传教育引导贫困群众树立脱贫信心、激发脱贫动力，相信自己身上有摆脱贫困的能力与潜力，拿出勇于拼搏的决心和毅力，先在精神上"富起来"；也要坚持智力扶贫，通过教育培训，着力提高贫困户综合素质和自身发展能力，从而做到真脱贫、脱真贫、不返贫。

案例

广西农家课堂

广西的农家课堂是选择有技术、有能力的各村科技能人、致富能手，在家里组织贫困户进行培训的方式。贫困户可以根据自身的兴趣爱好选择培训方向，既讲授科技理论，也在田间地头实地观摩。自2006年推广以来，培训内容日益丰富，培训规模日渐壮大，成为广西地区农民生产技能培训的主阵地。目前农家课堂已办班达3万多期，开展了特色种植、特色养殖、农产品深加工、餐饮服务等多项内容，培训群众近20万人次，起到了“传一方经验、育一批人才、助一地脱贫”的积极作用。农家课堂这种能教真本领、领上富裕路的培训形式，在基层党员和群众之中受到广泛赞誉。

9.6 政策举措俱备，发展意识最缺

9.6.1 体制建设保万全

凡事预则立，不预则废，要打好脱贫攻坚这一仗，政府就要提前在制度设计层面做好谋篇布局。党的十八大以来，以习近平同志为核心的党中央把脱贫攻坚摆在治国理政的重要位置，确定了脱贫攻坚“四梁八柱”的顶层设计。国家的政策措施总体上看来是多措并举、全面推进的，从各级政府的责任、各种政策的制定、具体措施的实现，到最终效果的考核等方面，建成了一整套完善的脱贫攻坚体系。但是有了制度设计只是第一步，脚踏实地地把工作做精做细，保证每项措施都能落到实处才是政府行动的关键所在。从目前的政策设计中能够看出，以下四个方面应当是今后扶贫工作的着眼点。

第一，要明确各级政府责任。在国家扶贫攻坚体制中，政策施行的主体是人民政府，但各级政府之间是上下级关系，有不同的职权范围和负责对象，不能混为一谈，这就需要先确定各级政府的责任，避免因职责不清而造成混乱。为此，中央出台了相应的脱贫攻坚责任制实施办法，办法规定了“中央统筹、省负总责、市县抓落实”的原则，以确保责任清晰、各司其职、合力攻坚模式的形成。责任体系的建立契合了当前扶贫实施现实情况，有利于发挥我国政治优势与制度优势，做到集中力量办大事，甚至还可以在一定程度上起到激发各地政府斗志的作用，能有效避免怠政惰政。

第二，鼓励多种扶贫方式结合。条条大道通罗马，能够改善贫困群众生活的方法有很多种，只要开拓思路、积极创新，总能找到最适合的那一个。在多数情况下，一个地区深陷贫困的原因往往不止一个，缺资源、缺劳力、环境差等不一而足，单一的措施是治标不治本的，多种扶贫措施相结合才能达到理想的效果。同时，在实现脱贫的过程中，更不应拘泥于固有模式，应当立足于当地的实际情况来解决问题，俗话说，鞋子合不合适只有脚知道，因地制宜的解决方案总是最有效的。

第三，实行巡查监督政策。众所周知，贫困户是典型的弱势群体，他们往往没有获取信息的渠道，更缺乏保护自己权益的能力。因此，在以往的扶贫过程中，各类干部、官员们贪污腐败、欺上瞒下的违法行为时有发生，这不仅会对扶贫事业造成巨大的负面影响，也会严重损害政府的威信。锄一害而众苗成，刑一恶而众民悦，大贪巨贪令人愤怒，小贪小恶同样不容姑息，监督政策的实行就是要防止这些“硕鼠”损害人民的利益，为扶贫政策的顺利实施保驾护航。

第四，完善考核评估机制。长期以来，经济发展指标是各级政府考核的重要指标，自然也是各级政府最关心的问题，我国经济的高速发展也从侧面印证了这一评估措施的有效性。但在扶贫方面，需要进一步完善考核评估机制，加强对贫困地区、贫困人口的精准识别，完善认定与退出制度。

9.6.2 发展意识成短板

在当前政府不计成本地投入资金与人力，全社会共同帮扶的背景下，贫困地区并不缺物质援助和政策支持，他们最需要的是积极发展的自我意识。人们常说，决定水桶容量的是它最短的那块木板，贫困户自我发展的认知与能力的不足正是影响扶贫成功的短板。这种情况是由多种原因造成的。一是在以往的扶贫政策中，政府及社会力量是反贫困的主力军，直接给予资金与物资是扶贫的主要方式，这种“输血式”的扶贫方式只能解一时之困，同时还留下了诸多后遗症，如让许多贫困户形成“等靠要”的依赖思想，安于现状，缺乏主动改变的动机。二是多数贫困人口文化水平低且观念陈旧，对新兴事物缺乏了解的欲望和渠道，想找高薪工作或自主创业也没有门路和能力，而以往的扶贫工作往往也缺乏这方面的引导。三是受自然条件的制约和农产品价格波动的影响，贫困户通过种植经济作物或养殖畜禽来摆脱贫困的可能及意愿都不高。

案例

云南：激发脱贫攻坚内生动力

2017年8月，云南省委办公厅、省政府办公厅联合发出通知，在脱贫攻坚中深入开展“自强、诚信、感恩”主题实践活动，针对一些贫困地区和贫困群众存在的“等靠要”思想和安贫、守贫观念，采取多种方式，激发内生动力，促进脱贫攻坚健康发展。

省委书记陈豪强调，打赢打好脱贫攻坚战，关键在人，关键在贫困地区干部群众的观念、干劲、能力。要抓住人这个关键，深入开展“自强、诚信、感恩”主题实践活动，建立正向激励机制，引导贫困地区干部群众消除“等靠要”思想，艰苦奋斗、自强自立，依靠勤劳致富脱贫，使脱贫具有可持续的内生动力。省长阮成发在政府工作报告中指出，要坚持扶贫与扶志、扶智结合，扎实开展“自强、诚信、感恩”主题实践活动，消除“等靠要”思想，培育贫困群众自我发展意识和能力，引导贫困群众艰苦奋斗、自强自立。

一年多来，一场形式多样、内容丰富、触动人心的主题实践活动在云岭大地火热进行、持续浸润中，贫困群众自强不息、诚实守信、脱贫光荣的思想观念和感恩意识逐渐树立，对美好生活的向往、对党的感恩之心正在转化为辛勤劳动、艰苦奋斗的自觉意愿和行动，云岭大地各族儿女打赢脱贫攻坚战的决心和信心更加坚定。

资料来源：《云南日报》，2018年8月17日。

如果用发展的眼光来看待贫困问题，那么贫困户就不应该是扶贫政策的被动接受者，而应当是积极寻找脱贫方法的主动参与者。如果贫困户自己就有主动寻找和积极求变的欲望，然后再通过扶贫政策帮助其释放自身潜力，发挥自身价值，并最终实现其脱贫致富的目标，那么扶贫政策的实施就是事半功倍的。政府要做的就是立足当地实际，引导和支持发展特色产业，开发优势资源，并提供相应的技能培训，为贫困户创造更多的就业机会。在这个过程中，各方的帮扶应当处于辅助地位，贫困户有意识地主动寻找脱贫机会并积极参与到扶贫行动中来才是其摆脱贫困的硬道理。

10 长风破浪　直济沧海
——健全新阶段扶贫政策、打赢新时期脱贫攻坚战

党的十八大以来，习近平总书记奔赴扶贫一线，对28个省（直辖市、自治区）的30多个贫困村镇进行实地考察，深入了解各地困难群众的生活境况，指导扶贫开发工作有效推进。2017年10月28日，习近平总书记在党的十九大报告《决胜全面建成小康社会　夺取新时代中国特色社会主义伟大胜利》中强调，"要动员全党全国全社会力量，坚持精准扶贫、精准脱贫""必须始终把人民利益摆在至高无上的地位，让改革发展成果更多更公平惠及全体人民"，为新时期反贫困斗争指明了方向。

精准扶贫，脱贫攻坚，体现了我国大规模反贫困进程在新阶段的奋斗目标和突出特点，表明我国反贫困斗争已经在既有成果的基础上发展到重点帮扶、全面推进、狠啃"硬骨头"的紧要阶段。行百里者半九十，如何在这一阶段攻克现有扶贫工作中的难点，继续完善战略部署、健全扶贫政策，成为打赢脱贫攻坚战的重中之重，更是关乎2020年夺取全面建成小康社会伟大胜利的关键所在。

10.1 创新筛选机制，科学精准识别

2013年11月习近平总书记在湖南省湘西十八洞村考察时首次明确提出

“精准扶贫”的要求，随后，党和国家的一系列指导意见中将实施精准扶贫方略、建立健全精准扶贫机制作为新阶段我国扶贫工作的指导思想。2016年发布的《“十三五”脱贫攻坚规划》指出，要坚持精准扶贫、精准脱贫基本方略，以扶持对象精准、项目安排精准、资金使用精准、措施到户精准、因村派人精准、脱贫成效精准的“六个精准”统领脱贫攻坚工作。

创新筛选机制，科学合理地识别困难人口，确保扶贫对象精准，是打赢脱贫攻坚战的第一关。扶贫依靠创新，创新是发展的第一驱动力。精准扶贫政策是对既往扶贫思想的继承与发展，在推行精准扶贫的过程中也要把创新放在重要位置。只有通过创新筛选机制，明确贫困主体，深入了解他们的致贫原因和脱贫需求，才能“对症下药”，回答好“扶持谁”的问题。一方面，应根据脱贫攻坚新阶段的现实要求，改进现有贫困认定标准，逐步由单一指标过渡为综合指标，多层次、多方面来衡量贫困，重点关注教育、文化和社会保障等影响个人持续发展能力的因素；另一方面，结合国情，创新现有贫困测评体系，在测评贫困发生率的基础上，将反映贫困深度和发展能力的指标纳入评价内，实施贫困水平和发展能力双向衡量的跟踪监测体系，以便科学识别贫困对象的贫困程度，精准设置不同贫困对象的脱贫路径，进而有针对性地采取多种措施的“组合拳”来帮助脱贫，提高扶贫政策瞄准的精确度和政策效益。

新时期扶贫攻坚战的需求与特点要求建立和完善村级低收入人口和开发式扶贫对象识别机制。在实践中，应综合利用农户相对贫困和可开发潜力测评指标体系的客观测评和村庄民主评议，建立村贫困户识别机制，民主、公平、公正、公开地识别贫困户并进行科学分类，并从以下几方面系统推进、集中攻坚。

10.1.1 实地调研先行，有序建档立卡

成立县贫困户和乡镇贫困户调研小组，领导和组织村贫困户的建档立卡工作。由县扶贫办领导，县统计局、乡镇有关部门和村两委参与，整合各级、各

项资源，成立县贫困户和乡镇贫困户基础数据调研组，秉承公正、公开的原则，指导、组织村级贫困户的建档立卡工作，了解贫困户的贫困现状、致贫原因、脱贫需求，建立户、村、镇、县、市的五级数据库，为瞄准贫困对象精准发力提供可靠基础。

10.1.2 扎根基层，成立村贫困户评审委员会

成立由村两委组织、指导和监督，村内有威信的老人代表和精英代表组成的村贫困户评审委员会，将确定低收入户和扶贫开发对象的评审工作从村两委剥离出去，由村贫困户评审委员会负责，进一步完善村级民主评议制度和监督制度，提高资格审定的透明度和公信力。

10.1.3 规范贫困户遴选程序和核查制度，保证贫困户识别的科学性和公正性

在精准施策助力脱贫的同时，还应当重视对贫困户资格的定期核查，确保政策资源真正流入有需要的农户手中。在扶贫过程中，定期对入选贫困户进行核查，动态了解贫困户的贫困情况和需求变化，确保“贫困一户不漏，非贫一户不入”。

10.1.4 建立健全精准扶贫大数据平台，完善扶贫脱贫动态监管机制

建立国家精准扶贫大数据平台，对各级贫困户信息管理平台、电子数据库、家庭收入与劳动生产信息数据库等进行动态监管。坚持全国统一标准的规范化管理原则，对内加强扶贫信息在各部门间的沟通共享，对外强调信息安全与群众隐私安全，保证大数据平台信息准确、翔实并及时更新，为精准扶贫提供高效优质的信息来源。

在瞄准贫困对象精准发力的基础上，还应加强对扶贫资金的监管，坚持扶

贫资金使用精准、管理精确，完善扶贫资金瞄准机制，提高扶贫资金使用效率，确保贫困人口真正受益。首先，提高资金瞄准的准确度，避免忽视非贫困连片地区的分散贫困人口；其次，创新扶贫资金监管机制，分级建立责任追究制度和“跟踪问效”制度，将每一笔扶贫资金的来源、投向和使用效率纳入监管评估体系内，并保证权责一致，权责到人；最后，将公平、公正、公开作为扶贫资金使用的基本原则，建立群众广泛参与的评议机制与监督机制，对资金的数额、来源、投向进行全程公示，保证扶贫资金更多更公平地惠及贫困人口。

扶贫项目的瞄准精度同样影响扶贫政策的落实情况。因此，应在扶贫项目实施前，因地制宜地对扶贫项目进行规划、预估、决策，从项目的经济性和技术性等方面进行筛选和论证，保证灵活性和可操作性，做到因地制宜、随时而动、观察仔细、判断正确；同时，尊重贫困群众的主体地位，拓宽群众参与渠道，畅通信息反馈机制，确保扶贫项目与贫困人口的脱贫需求相一致，促进精准扶贫项目落到实处，发挥实效。

10.2 帮扶救助共治，分类指导脱贫

正确判断扶贫对象的致贫原因是精准识别的重点之一，通过建立贫困户精准识别机制，科学、民主、准确地识别选择性贫困人口（可开发群体）和约束性贫困人口（无开发潜力群体），从而依据不同群体的不同需求，采取有针对性的扶贫政策，实施分类指导，落实开发式扶贫和保障式扶贫双轮驱动战略，确保更多贫困人口受益，实现脱贫致富。

针对选择性贫困人口（可开发群体），要着重关注他们的能力建设问题，由“授之以鱼”转变为“授之以渔”。采用发展生产、易地搬迁、生态补偿、教育培训等措施多管齐下，为可开发群体提供扶贫政策实时信息，帮助和引导

他们参加职业教育技能培训，参与扶贫产业项目，通过提升他们的文化素质、劳动技能和工作积极性，重塑其生活理念和信心，帮助他们提高收入水平，稳定脱贫。

针对患有重大疾病、身体残障、孤寡老人、幼儿等无劳动能力、无法保障基本生活的约束性贫困人口（无开发潜力群体），应当对其实施救济式扶贫。应将无开发潜力群体纳入低保范围，加大财政支持力度，改善他们的基本生活条件，提升社会化服务水平，将农村最低生活保障制度和扶贫开发制度有效衔接，实现“应保尽保”“应扶尽扶”。

在精准识别扶贫对象的同时，还应注重地区间致贫规律及差异，依据地域特征有针对性地采取扶贫措施，坚持因地制宜的原则，采取“一村一策、一户一法”，制订每个村、每户农户的具体帮扶计划和帮扶措施。将贫困人口相对集中的中西部革命老区、少数民族地区、边疆地区与特困连片地区作为反贫困重点区域，结合地域特征，精准施政，助力脱贫。同时，关注非贫困连片地区的零散贫困人口，以及多次扶助但返贫的顽固贫困群体，充分分析困难群众的致贫原因和脱贫需求，从而有针对性地帮扶，定点定时回查脱贫成效。

10.3 完善帮扶制度，激发脱贫愿望

在精准识别贫困人口、准确瞄准扶贫对象的基础上，落实帮扶政策、明晰帮扶主体，建立健全“职责到人、帮扶入户”的帮扶制度，解决好“谁来扶”的问题是取得新时期脱贫攻坚战的另一关键点。

10.3.1 健全定点帮扶制度，打牢精准扶贫根基

根稳树壮，健全精准扶贫的帮扶责任人制度，能让脱贫攻坚这棵大树深深地扎根群众、枝繁叶茂。定点到户扶贫通过分类帮扶，“一户一策”，激发贫

困户的内生动力，提升其发展能力，帮助困难群众增收脱贫。进行定点帮扶的相关主体应不断加强自我扶贫能力建设，提升自身的道德使命感，着力确保定点扶贫任务目标明确、对象清晰、举措可行，逐户制订帮扶计划、落实帮扶资金，与困难群众建立实时高效的沟通机制与信息反馈机制，坚持职责到人、权责明晰，“定一户，帮一户，不脱贫不脱钩”。

解读

帮扶责任人制度

在脱贫攻坚进入决战决胜的关键时期，为每一户贫困户结对安排一名机关事业单位帮扶责任人，贴身帮扶，通过入户走访、政策宣讲和摸底调研等形式，根据贫困户的家庭状况和脱贫需求，有针对性地制定和实施具体的帮扶措施，从而进一步规范加强结对帮扶，切实提升帮扶质量，确保贫困户稳定持续脱贫。

10.3.2 健全帮扶激励机制，完善帮扶监管制度

应在实践中针对帮扶责任人建立有效的激励机制与监管制度。一方面积极鼓励帮扶责任人加强与其他扶贫力量的合作，整合各方资源，充分发挥帮扶人的引导和协调作用；另一方面，建立和完善帮扶跟踪评议制度，健全贫困人口对自家帮扶责任人落实帮扶工作的信息反馈机制，对于能够帮助贫困户改善就业和发展生产并且在一定时期内实现脱贫的帮扶责任人给予表彰和经济奖励，加强其助力脱贫的积极性，激励各级干部职工到脱贫的第一线大显身手。

10.3.3 建立长效沟通机制，激发群众脱贫愿望

结合既有经验，通过建立帮扶责任人与困难群众的长效沟通机制，充分发挥帮扶责任人宣传介绍各项扶贫政策及项目、听取扶贫对象的困难与需求的

上传下达的交流沟通功能，从而提高贫困户的参与意识，鼓励贫困群众主动参与，强化政策传播和施政效果反馈。首先，应当对帮扶责任人进行扶贫到户工作培训，鼓励其入户讲解扶贫政策，根据不同贫困人口的特点和需求，对贫困户关心的重点项目进行细致分析，并为贫困户后续的项目参与与政策落实提供指导和帮助。其次，打通与贫困户的有效沟通渠道，听取其对政策实施效果的反馈信息，以及意见与建议，关注贫困户的动态变化；重点是引导贫困人口重塑生活信心和热情，在“输血”的同时，从能力培养和心理发展两方面增加其“造血”功能，激发贫困人口的脱贫愿望。

解读

“志智双扶”是打赢脱贫攻坚战的根本之策

习近平总书记在党的十九大报告中指出，“坚决打赢脱贫攻坚战”“注重扶贫同扶志、扶智相结合”。扶贫先扶志，扶贫必扶智。扶志就是扶思想、扶观念、扶信心，帮助贫困群众树立起摆脱困境的斗志和勇气；扶智就是扶知识、扶技术、扶思路，帮助和指导贫困群众着力提升脱贫致富的综合素质。要从根本上摆脱贫困，必须智随志走、志以智强，实施“志智双扶”，才能激发动力，形成合力，从根本上铲除滋生贫穷的土壤。

10.4 多元主体参与，多方资源合力

贫困的复杂性和反复性要求扶贫政策需根据经济社会发展情况和困难群众需求变化而不断完善。考察我国改革开放以来扶贫政策的变化，我们能清晰地看到多元化发展趋势。从最早单一的救济式扶贫到多种形式的开发式扶贫，再到现在识别、管理、监督、评估为一体的精准扶贫，扶贫的模式越来越多样；

从单纯的政府部门行动到争取与国际合作，再到社会广泛参与形成“三位一体”的大格局，扶贫的参与主体越来越广泛。为了打赢脱贫攻坚战这场硬仗，必须充分发挥我们社会主义集中力量办大事的制度优势，紧密团结各方力量，积极引导多元主体参与，多方资源整合，科学统筹，精准施政，夺取脱贫攻坚的胜利。

作为脱贫攻坚的中流砥柱和关键力量，各级党委和政府应当明确主体地位，充分发挥领导组织和统筹协调的作用。第一，各级党委和政府应将精准扶贫、脱贫攻坚作为当前工作中的重中之重，肩负起科学制定政策、统筹安排进度、推进落实项目、培养调配人员、调动各方资源、完善考核评估、借助反馈信息制订和调节计划等职责；同时，加强对自身的监督问责，强化脱贫攻坚领导责任制。第二，应当精准施策，因地制宜，制订并实施灵活、针对性强的多元化脱贫路径，解决好“怎样扶”的问题。积极促进扶贫开发与地区经济文化发展相互促进，与社会保障有效衔接，完善审查、考核、退出等机制建设，强化驻村干部帮扶等精准扶贫机制改革，大力实施专项行动和专项工程，提升扶

案例

多方资源合力，构建扶贫大格局：万企帮万村行动

自2015年发起的“万企帮万村”行动以民营企业为帮扶方，以建档立卡的贫困村、贫困户为帮扶对象，以签约结对、村企共建为主要形式，力争用3到5年时间，动员全国1万家以上民营企业参与，帮助1万个以上贫困村加快脱贫进程，为促进非公有制经济健康发展和成长，打好扶贫攻坚战，全面建成小康社会贡献力量。

贫成效。第三，作为财政资源的投入与监管主体，各级政府应进一步加强对财政扶贫资源的使用和监管。通过构建省级扶贫开发投融资平台和县级扶贫开发资金项目整合管理平台，拓展扶贫资源投入渠道，增加扶贫专项投入，强化资源投向和使用效率的监管，促进扶贫资源向公共物品供给、社会保障体系等领域倾斜。第四，“众人拾柴火焰高”，党和政府应积极引导多方资源合力，鼓励多元主体参与扶贫。一方面，应在全社会倡导多种形式的帮扶活动，营造“达则兼济天下”的帮扶氛围，提升社会主义核心价值观下的社会责任感和道德感，引导各方社会力量参与；另一方面，应着力构建多元主体扶贫合作治理模式，协调各主体之间的关系，充分调动不同主体进行资源整合，做到人尽其能、物尽其用。

“分则力散，专则力全”。为了实现脱贫攻坚的宏伟目标，必须在党和政府的领导下动员和组织社会各方力量，充分发挥专项扶贫、行业扶贫、社会扶贫的作用，巩固和发展“三位一体”的扶贫格局，力往一处使，打赢脱贫攻坚战。建立政府牵头，民间团体、志愿者、慈善机构、国际社会等多主体共同参与的反贫困格局，多方资源合力共同脱贫致富。第一，鼓励各类企业、社会组织和热心群众以多种形式与农户合作，完善对口帮扶和定点帮扶制度。第二，引导民营企业、社会组织等探索共建互惠共赢的扶贫开发模式，鼓励龙头企业推动农业产业化经营，带动农民致富。第三，重视扶贫人才队伍建设，积极倡导志愿者、非正式组织等社会力量参与到扶贫中来，形成专业性强、组织调配灵活的扶贫人才队伍。第四，对为农户提供技术培训、物质帮助的企业、社会组织和个人予以鼓励和表彰。

10.5 扶真贫长周期，真扶贫抗返贫

我国仍处于并将长期处于社会主义初级阶段是基本国情，因此，应当正视

在一定时期内贫困人口、贫困地区和贫困现象的存在。在我国大规模反贫困进程为全人类反贫困斗争做出突出贡献的同时，我们还要清醒地认识到：目前我国温饱问题还未解决的特困人口数量虽有减少，但从根本上摆脱贫困的难度很大；同时，初步解决温饱问题的群众受制于区域经济发展水平和自身条件，现有的生活状况仍具有不稳定性。贫困的反复性和顽固性要求我们在新阶段实施精准扶贫政策过程中，将解决深度贫困、狠啃“硬骨头”作为工作重点的同时，还应继续巩固初步脱贫成果，拉长贫困户调整周期和扶贫开发时期，真扶贫，抗返贫。

10.5.1 延长扶贫开发周期，确保扶贫政策效果的可持续性

“顽固性”“反复性”贫困户的脱贫是一项持久战，短期难以根本性解决贫困问题。因此，应拉长贫困户调整周期和扶贫开发时期，集中扶贫资源帮扶。从内应调动贫困户的生活热情，增强其发展意识，实质性提升贫困户发展能力；自外应加强对贫困地区基础设施的建设和维护，为贫困人口接受就业培训、畅通就业渠道提供良好的外部条件，从而实现真正脱贫，永久脱贫，确保扶贫效果的可持续性。各省应因地制宜，适时调节对开发式扶贫农户的扶贫周期，力保通过能力建设和较长时间的帮扶，实现贫困户真正脱贫、永久脱贫，降低和杜绝返贫，实现“扶一户、脱一户”。

10.5.2 增强社会保障力度，靠保障，抗返贫

首先，进一步完善社会保障制度和城乡居民基本医疗保险制度，增加农村地区公共服务供给，将符合政策条件的人口完全纳入保障范围，加大财政支持力度，扩大医疗救助范围，提高报销比例，提高人均保障水平，减轻贫困人口因病致贫、因病返贫的风险。其次，针对贫困人口的保险需求，鼓励保险机构开发面向贫困人口的商业健康保险和农业保险，增强对贫困人口的保障水平。

10.5.3 建立健全跟踪监测机制和信息反馈机制，强化精准扶贫政策效果

现阶段扶贫项目落实后鲜有针对脱贫人口的福利增加水平、返贫可能性进行跟踪评估的政策和举措，脱贫效果持续性低。同时，扶贫对象对扶贫政策和项目的看法与意见的有效回馈能进一步促进政策优化，但因现阶段反馈机制尚不健全，影响了贫困人口对扶贫政策的满意度以及政策的优化更新。因此，在未来精准扶贫工作中，应当重视跟踪监测机制和信息反馈机制的建立健全。一方面通过跟踪监测机制巩固脱贫效果，切实提升贫困人口发展能力；另一方面尊重贫困群众的意见，通过信息反馈机制，发挥其积极性和能动性，实现政策设计者与困难群众的良性互动，从而增加政策的瞄准度和针对性，促进困难群众脱贫致富，扶真贫，真扶贫。

声音

真扶贫、扶真贫、真脱贫

党的十八大以来，习近平总书记就扶贫问题指出：打好扶贫攻坚战，要看真贫、扶真贫、真扶贫，少搞一些盆景，多搞一些惠及广大贫困人口的实事。

2016年7月20日，习总书记主持召开东西部扶贫协作座谈会并发表重要讲话，讲话中指出：扶贫开发到了攻克最后堡垒的阶段，所面对的多数是贫中之贫、困中之困，需要以更大的决心、更明确的思路、更精准的举措抓工作。要坚持时间服从质量，科学确定脱贫时间，不搞层层加码。要真扶贫、扶真贫、真脱贫。

10.6 普惠教育培训，开拓发展意识

反贫困斗争在人类历史长河中由来已久，发展能力的缺失则是促使一个人一步步走向贫困并深陷其中的根源之一。个人身体素质和受教育水平低下，职业技能匮乏，加之地区经济发展水平低、公共服务欠缺等外在因素影响，使得贫困人口犹如深陷泥潭一般，难以自救。因此，新时期的精准扶贫和脱贫攻坚在关注贫困户短期生计改善的同时，更应把加强人力资本投资和提高贫困人口素质放在优先地位，重视农户发展意识和发展能力的提升。同时，在我国强调精准帮扶的背景下，不应忽视教育、培训等普惠性政策，通过实施多元化的帮扶措施努力消除绝对贫困，改善相对贫困，才能从根本意义上赢得脱贫攻坚战的胜利。

10.6.1 巩固基础教育与发展职业教育双轮同行，促进教育资源均等化

首先，应不断巩固和提高义务教育和学前教育水平，一方面增加财政支持，继续推进农村寄宿制学校建设、校舍改造等项目，改善教育硬件设施；另一方面减免学生学杂费等费用并提供生活补助，改善学生学习生活条件。其次，应大力发展职业教育，加大对贫困家庭学子的支持力度，设立专项基金，针对因学致贫和因贫辍学的贫困家庭提供针对性帮扶措施。将中职招生机会向贫困家庭倾斜，并为困难学生提供学费减免机会和奖助学金，如教育“9+3”计划；同时，借助“雨露计划”“阳光工程”等项目，提升职业教育水平，开展定向式职业教育培训，逐步完善我国“基础教育—职业教育—劳动就业”的人才培养与输送体系。最后，合理配置教育资源，促进优质教育资源和优秀人才向贫困地区倾斜，提升农村地区教育水平，促进教育资源均等化。深入推行农村特岗教师计划，提高教育人才的福利待遇，改善其生活环境，做到优质教

育资源“走下来，留下来”。

10.6.2 优化培训政策，完善培训机制，促进劳动力转移

首先，应丰富培训内容，将提升产业技能与增强发展意识并重。在产业技能方面，不仅应包括非农就业技能培训，也应加强种植、养殖、设施农业、林下经济等农业实用技术的培训。同时，培训还应当向后延长至帮助劳动力实现转移和就业。其次，完善现有培训机制。要求培训时间至少在3个月以上，在此阶段内，加大补贴力度，通过全额补偿贫困人口因参加培训而无法工作的损失，激励有开发潜力的贫困劳动力参加培训。完善遴选培训机构的筛选机制，根据培训后就业输出的情况以奖补方式兑现对培训机构的培训费用补贴。最后，完善培训人员的遴选机制。由贫困户本人提出申请，村贫困户评审委员会评选确定，帮扶责任人负责协调和联络培训机构，确定其参与培训的专业和就业方向。

声音

教育是解决贫困问题的根本

刘永富（国务院扶贫办党组书记、主任）：职业教育是一项一举多得的重大工作，对扶贫工作具有重要作用，对城镇化、中国制造等进程有着巨大的推动效应。对于贫困家庭的孩子而言，“家财万贯，不如薄技在身”。有了技术去就业，工资会相应提高而且稳定，稳定就业以后，还可以在就业地落户，购买经济适用房，在城里安家置业，一家人就脱贫了，贫困地区卸载了。有了知识和文化，有可能从这一辈开始，走上脱贫致富的道路，防止了贫困的代际传递。所以说扶贫工作，扶贫先重教，扶贫先扶志。

10.7 提升非农能力，改善家庭生计

我国“十三五”时期实施精准扶贫、脱贫攻坚的总体目标是：“到2020年，稳定实现现行标准下农村贫困人口不愁吃、不愁穿，义务教育、基本医疗和住房安全有保障。贫困地区农民人均可支配收入比2010年翻一番以上，增长幅度高于全国平均水平，基本公共服务主要领域指标接近全国平均水平。确保我国现行标准下农村贫困人口实现脱贫，贫困县全部摘帽，解决区域性整体贫困。”其中一“高于”一“接近”强调的就是缩小贫困地区与发达地区的经济社会发展差距。因此，提高贫困地区农民的收入水平和可支配收入增长幅度成为现阶段精准扶贫、脱贫攻坚战的重点要求。

目前，农民收入来源日趋多样化，源于农业生产的收入在农民可支配收入构成中占比逐渐下降，但依旧是农民的重要收入来源。对于农村地区非农能力缺失的贫困人口而言，增加其农业收入将明显提高其收入水平。首先，应当加强农业基础设施建设力度，将养殖业资金补贴、农业生产机械设备购置补贴等向贫困户倾斜，帮助贫困群众发展农业生产。其次，依托政府牵头，多方主体参与，为贫困人口提供农业技术培训，促进农业实用科技下乡，帮助他们转变传统农业生产方式，优化生产结构，增加务农收益。再次，政府应因地制宜，分类指导，深入推进产业扶持到村到户，提高农业产业化水平，增强辐射带动能力。结合当地自然资源和市场环境，积极扶持具有地方特色的农业产业和农村合作经济，对农业龙头企业实施信贷扶持、税收优惠等政策，促进农产品深加工与扶贫政策相结合，提高农户参与度，帮助贫困人口参与农业生产与加工活动，助力脱贫致富。

伴随经济体制改革和非农产业发展，大量农村劳动力流入非农部门，非农收入在农民总收入中的比重不断上升，成为农民收入重要来源之一。国家统计局数据显示，2017年农村居民人均可支配收入达13 432元，其中工资性收

入为5 498元，约占农民可支配收入的40.9%。在此背景下，提高农村贫困人口非农能力，是增加其非农收入、改善家庭生计、实现脱贫致富的另一重要途径。第一，大力发展面向农村人口，尤其是农村贫困人口的教育和职业技能培训，提高他们的素质和职业技能水平，帮助他们了解城市，掌握现代工商业生产活动的基本知识，向具备非农就业能力的贫困户提供相应的政策信息和指导帮助，为贫困人口提供渠道以帮助其参与非农生产经营，实现转移就业，促进非农致富。第二，深入推进金融扶贫，提高贫困人口非农就业、持续发展的能力。积极开展“贫困村村级发展互助资金”和扶贫贷款贴息制度改革，鼓励商业性金融机构增加贫困地区信贷投放，完善扶贫贴息贷款政策，增加财政贴息资金，扩大贷款规模，并在有效防范风险的前提下积极推动农村合作金融发展。在金融扶贫模式中，小额信贷被实践证明是最适合扶贫的金融形式。在新时期扶贫攻坚背景下，应加强对小额信贷扶贫方式的支持，大力发展村镇银行等小微金融机构，满足贫困人口的资金需求，提高他们的非农能力，从而帮助贫困人口脱贫致富。

案例

走出去，富起来

柳州虽然是广西的工业强市，但贫困连片发生且程度深，下辖两个国家级贫困县融水苗族自治县、三江侗族自治县，和一个自治区级贫困县融安县。这三个县均位于柳州市北部，多山地、丘陵，沉积岩广布，岩溶峰丛地貌和石漠化地貌常见，“九山半水半分田”是真实写照。如此生态环境下，上述地区的农业生产条件恶劣。以融水县为例，虽林地众多但人均耕地面积不足1亩，农业资源匮乏加之二、三产业发展速度缓慢，辐射带动能力欠缺，贫困成为当地群众一直以来难以摆脱的梦魇。

2018年年初，柳州市政府印发了《加大贫困地区农村劳动力就业创业帮扶工作实施方案》，积极组织面向农村劳动力的教育培训，大力帮助贫困劳动力转移就业、脱贫致富。这项方案鼓励贫困村年富力强的青年人、村干部担任劳务带头人，成批次带动村里的贫困劳动力转移就业；鼓励经营性人力资源服务机构积极参与贫困农村劳动力劳务输出工作，首次培训，带动了400余人实现就业，并且达到每人月均5 000元的收入水平。目前柳州这种带头人带领，通过劳务输出提高非农收入从而脱贫致富的模式正形成规模效应，帮助更多困难群众走上脱贫致富的康庄大道。

10.8 均等公共服务，助力健康养老

我国“十三五”时期实施精准扶贫、脱贫攻坚的总体目标中包括“两个不愁”“三个保障”，即“稳定实现农村贫困人口不愁吃，不愁穿”，稳定实现“义务教育、基本医疗和住房安全有保障”。通过这三方面的保障，使农村贫困人口在最基本的公共服务领域得到生活保障，通过体制规范提升农村贫困人口的自我发展能力和抗风险能力。因此，完善贫困地区公共设施建设、增加公共服务供给，是推进城乡公共服务均等化、帮助贫困人口脱贫的必由之路。

10.8.1 加大财政投入力度，建立长效财政投入机制

首先，中央财政应当坚持公平优先、兼顾效率的基本原则，切实加大专项资金的投入力度和对地方财政的一般性转移支付力度，从而增强地方财政对公共基础设施建设和公共服务的供给支持能力。其次，应当建立稳定长效的财政投入机制，调整优化财政支出结构，在向贫困地区倾斜的同时，加大在教育、

医疗、文化、社会保障等方面的投入。再次，各部门要加强配合，增加资金整合、协调力度，完善财政资金的落实和监管机制，提高资金使用效率。最后，政府应积极引导，充分发挥市场机制作用，组织社会各界力量，形成以政府供给为主，市场、企业和个人广泛参与，灵活互动的多渠道供给机制，并在运营过程中采用互助合作方式来降低运营和管理成本。

10.8.2 健全公共服务体系，以体制规范来推进公共服务均等化

健全符合现阶段我国国情和新时期脱贫攻坚目标要求的基本公共服务体系，将贫困人口全部纳入到社会保障和基本公共服务的覆盖范围内，同时促进公共服务资源在地区间、城乡间的合理流动和调配，确保财政支持专项资金优先向贫困地区倾斜，重点发展教育文化事业，改善公共卫生，提高城乡居民基本医疗保险和救助保障水平，提高贫困人口的参与度和受益水平，实现“病有所医”。

10.8.3 增强社会保障力度，助力健康养老

尊老、敬老、爱老、助老是中华民族的传统美德，更是精准扶贫、脱贫攻坚新阶段的重点任务之一。完善基本养老保险制度，是扶贫供给长链上的关键一环。因此，应当积极探索养老金制定标准的调整机制和缴费补贴政策，逐步加大农村社会保障的财政支持力度，提高农村人口的养老保障金。建立健全养老金与物价浮动的联动机制，防止其保障效应被物价上涨所抵消。重点对贫困人口的养老保险进行减免和优惠，加快农村养老机构和服务设施建设，支持贫困地区健全养老服务体系，切实解决农村地区贫困人口的养老问题，使老有所养，老有所乐。

参考文献

蔡科云，2014. 政府与社会组织合作扶贫的权力模式与推进方式[J]. 中国行政管理（9）：45−49.

曾福生，曾志红，范永忠，2015. 克贫攻坚[M]. 北京：中央编译出版社.

曾志红，曾福生，2013. 我国农村贫困现状及致贫因素分析[J]. 安徽农业科学，41（13）：6012−6014.

陈立鹏，马挺，羌洲，2017. 我国民族地区教育扶贫的主要模式、存在问题与对策建议：以内蒙古、广西为例[J]. 民族教育研究（6）：35−41.

陈文秀，2016. 江西省实施电商精准扶贫工程[N/OL]. 江南都市报，04−06. http://jndsb.jxnews.com.cn/system/2016/04/06/014809379.shtml.

陈宗胜，杨思飞，张伟，2018. “精准扶贫”的精髓是“多维扶贫”和彻底脱贫：建议尽快明确公布中国的“多维扶贫”标准和思路[J]. 全球化（2）：20−30，131−132.

仇荀，2016. 马克思主义贫困理论及当代中国贫困治理实践研究[D]. 长春：吉林大学.

戴星翼，2010. 节俭的发展[M]. 上海：复旦大学出版社.

方鹏骞，苏敏，2017. 论我国健康扶贫的关键问题与体系构建[J]. 中国卫生政策研究，10（6）：60−63.

方迎风，2012. 中国贫困的多维测度[J]. 当代经济科学，34（4）：7−15，124.

凤凰国际智库，2016. 宣战2020：中国扶贫报告[EB/OL].（10−17）. https://pit.ifeng.com/report/special/zgfpbg/chapter1.shtml.

傅佑全，2016. 教育扶贫是实施精准扶贫国家战略的根本保障[J]. 内江师范学院学报，31（5）：80−83.

郭熙保，罗知，2005. 论贫困概念的演进[J]. 江西社会科学（11）：38−43.

国家发展改革委，2016. 国家发展改革委关于印发全国“十三五”易地扶贫搬迁规划的通知[EB/OL].（09-20）.http://www.ndrc.gov.cn/zcfb/zcfbghwb/201610/t20161031_824916.html.

国务院，2011. 中共中央 国务院印发《中国农村扶贫开发纲要（2011－2020年）》[EB/OL].（12-01）.http://www.gov.cn/gongbao/content/2011/content_2020905.htm.

国务院，2014. 国务院办公厅关于进一步动员社会各方面力量参与扶贫开发的意见[EB/OL].（12-04）.http://www.cpad.gov.cn/art/2014/12/4/art_624_13558.html.

国务院，2014. 中共中央办公厅 国务院办公厅印发《关于创新机制扎实推进农村扶贫开发工作的意见》[EB/OL].（01-25）.http://www.gov.cn/gongbao/content/2014/content_2580976.htm.

国务院，2015. 中共中央 国务院关于打赢脱贫攻坚战的决定[EB/OL].（11-29）.http://www.gov.cn/xinwen/2015-12/07/content_5020963.htm.

国务院，2016. 国务院关于印发“十三五”脱贫攻坚规划的通知[EB/OL].（11-23）.http://www.cpad.gov.cn/art/2016/11/23/art_1747_651.html.

国务院扶贫办，2013. 中国社会扶贫创新行动优秀案例集[M]. 北京：中共中央党校出版社.

国务院扶贫办，2014. 国务院扶贫办关于印发《扶贫开发建档立卡工作方案》的通知[EB/OL].（04-02）. http://www.cpad.gov.cn/art/2014/4/11/art_50_23761.html

国务院扶贫办，2018. 关于印发《生态扶贫工作方案》的通知[EB/OL].（01-18）.http://www.cpad.gov.cn/art/2018/1/26/art_46_77286.html.

韩嘉玲，孙若梅，普红雁，等，2009. 社会发展视角下的中国农村扶贫政策改革30年[J].贵州社会科学（2）：67–76.

韩克庆，唐钧，2018.贫困概念的界定及评估的思路[J].江苏社会科学（2）：24–30 .

韩振，杨春，张秋月，2018.精准扶贫政策在贫困地区实施现状分析[J].农业展望，14（1）：83–87.

胡恩生，2007.以科技进步促进贫困地区的可持续发展[J].现代农业科技（23）：202–203.

胡建华，赖越，2018.习近平精准扶贫思想的发展渊源、基本内涵和重大意义研究[J].广东行政学院学报（3）：1–7.

胡静林，2016.加大财政扶贫投入力度 支持打赢脱贫攻坚战[J].行政管理改革（8）：12–15.

黄承伟，2015.中国扶贫行动[M].北京：五洲传播出版社.

黄承伟，2016.发展新理念与脱贫工程[J].领导科学论坛（4）：51–65.

黄承伟，刘欣，2016.新中国扶贫思想的形成与发展[J]. 国家行政学院学报（3）：63–68.

江仕敏，2016.沪滇模式：跨越山水的深情相牵[J].创造（8）：19–22.

江西省扶贫办公室，2015.江西省农村扶贫开发纲要（2011—2020年）[EB/OL].（07–10）.http://www.jxfpym.gov.cn/news/f91b940a-2530-41a2-a8b2-1b6bd344b117.html.

江西省扶贫办公室，2018.进入全国“第一方阵”：我省2017年脱贫攻坚工作获得“好”评[EB/OL].（04–16）.http://www.jxfpym.gov.cn/news/6fb23a68-ec28-4878-a05b-3d8ee48e1e43.html.

焦梦，高永伟，等，2017.世界政要学者高度评价中国精准扶贫 [EB/OL].（10–17）.http://f.china.com.cn/2017-10/17/content_50039105.htm.

蒯小明，2007.我国农村社会救助发展中的国家责任研究[D].北京：首都经济贸易大学.

雷明，2017.绿色发展下生态扶贫[J].中国农业大学学报（社会科学版）（5）:87-94.

冷喜芬，2015.集中连片贫困地区科技扶贫策略与模式研究[D].南昌：江西农业大学.

黎娟，2009."整村推进"扶贫开发模式的反思与完善[J].农村金融研究(9)：54-59.

李国荣，彭松建，2008.民营经济概论[M].北京：北京大学出版社.

李嘉岩，2001.农村反贫困与人口可持续发展研究[D].北京：中国社会科学院研究生院.

李明忠，2007.贫困的经济学分析：要素流转视角[D].上海：复旦大学.

李志萌，张宜红，2016.革命老区产业扶贫模式、存在问题及破解路径：以赣南老区为例[J].江西社会科学（7）：61-67.

廖琪林，2017.广西新型城镇化建设中易地扶贫搬迁问题及对策研究[D].南宁：广西师范学院.

凌文豪，刘欣，2016.中国特色扶贫开发的理念、实践及其世界意义[J].社会主义研究（4）：69-75.

刘冰心，2017.吉林省农村可持续性脱贫问题研究[D].长春：吉林大学.

刘慧，叶尔肯·吾扎提，2013.中国西部地区生态扶贫策略研究[J].中国人口·资源与环境，23（10）：52-58.

刘解龙，2018.精准扶贫精准脱贫中期阶段的理论思考[J].湖南社会科学(1)：49-55.

刘梦，周玲旭，2009.历久弥新的"131"扶贫工程[N/OL].恩施日报，09-22.http://xuewen.cnki.net/CCND-ESRB200909220050.html.

刘牧，2016.当代中国农村扶贫开发战略研究[D].长春：吉林大学.

刘志杰，2016.脱贫攻坚这一硬仗怎么打：《关于坚决打赢全省脱贫攻坚战的实施意见》形成、特点和内容解读[J]. 前进（10）：20–22.

鲁静芳，2017. 探索多元化多渠道的扶贫脱贫新路[J]. 人民论坛（32）：80–81.

骆方金，2017. 生态扶贫：概念界定及特点[J]. 改革与开放（5）：71–73.

吕国范，2014. 中原经济区资源产业扶贫模式研究[D]. 北京：中国地质大学.

马良灿，2013. 缓解农村贫困问题的思考[J]. 经济研究参考（36）：24.

马秀霞，桑果果，2016. 宁夏生态移民迁出区生态恢复与保护刍议[J]. 中共银川市委党校学报，18（6）：44–47.

毛峰，2016. 乡村旅游扶贫模式创新与策略深化[J]. 中国农业资源与区划（10）：212–217.

帕提曼·阿布力肯，2017. 农村贫困人口多维识别研究综述[J]. 中国标准化（24）：236–237，239.

皮磊，2018. 社会组织如何参与扶贫？[N]. 公益时报，02–06（06）.

邱小平，2016. 积极促进农村贫困人口转移就业[J]. 行政管理改革（7）：11–15.

陕西省扶贫开发办公室，2018.《脱贫攻坚砥砺前行》访谈直播节目开播[EB/OL].（05–14）.https://mp.weixin.qq.com/s/XAvajDK0a-15Xg7XJ-GibA.

陕西省扶贫开发办公室，2018. 苏陕产业扶贫协作项目“遍地开花”[EB/OL].（04–25）.https://mp.weixin.qq.com/s/v9yxwMtCzejs0fKYlF0Wg.

邵森奇，2012. 庆阳革命老区的贫困现状及对策[J]. 发展（9）：63–64.

沈晶晶，2017. 扶贫开发的浙江经验[N/OL]. 浙江日报，02–14.http://zjrb.zjol.com.cn/html/2017-02/14/content_3037249.htm?div=-1.

史志乐，张琦，2018. 脱贫攻坚保障：贫困县考核机制的改进完善和创新[J]. 南京农业大学学报（社会科学版），18（2）：45–55，159.

宋霞，2017.论拉丁美洲国家减贫战略新特征[J].开发研究（4）：52-57.

苏明，2014.我国城乡发展一体化与财政政策思路[J].财会研究，36（7）：18-33.

孙睿，2012.农村最低生活保障问题研究[D].泰安：山东农业大学.

覃志敏，2017.中国-东盟减贫合作：现实基础、实施机制及发展趋势[J].广西社会科学（3）：34-37.

檀学文，李静，2017.习近平精准扶贫思想的实践深化研究[J].中国农村经济（9）：2-16.

唐丹，胡卫卫，田富俊，等，2016.福建扶贫开发重点县生态扶贫的问题及其对策[J].中南林业科技大学学报（社会科学版），10（4）：28-31.

唐梅玲，曹　，2018.我国贫困治理政策的回顾与展望[J].学习与实践（3）：58-65.

唐任伍，2015.习近平精准扶贫思想阐释［EB/OL].（10-21）.http://theory.people.com.cn/n/2015/1021/c40531-27723431.html.

陶建群，庞伟，刘芋艺，2018.定点扶贫中的“输血”与“造血”：国企精准扶贫的华融经验[J].人民论坛（3）：124-128.

汪三贵，郭子豪，2015.论中国的精准扶贫[J].贵州社会科学（5）：44.

汪三贵，刘未，2016.“六个精准”是精准扶贫的本质要求：习近平精准扶贫系列论述探析[J].毛泽东邓小平理论研究（1）：40-43.

王春萍，郑烨，2017.21世纪以来中国产业扶贫研究脉络与主题谱系[J].中国人口·资源与环境（6）：145-154.

王恩胡，2016.二元经济社会结构转型与农民增收[M].北京：中国社会科学出版社.

王高阳，李永前，马雅娟，等，2014.关于云南省生态扶贫的思考[J].经济研究导刊（33）：223-224.

王宏杰，2018.收入平等目标下的农村扶贫政策研究[M].北京：科学出版社.

王建平，2016.反贫困政策调整优化研究：基于川西北藏区的实证分析[M].北京：经济科学出版社.

王来喜，2007.西部民族地区“富饶的贫困”之经济学解说[J].社会科学战线（5）：71-79.

王琳，2018.中国扶贫开发的理论演进、实践发展与思路创新[J].宏观经济研究（1）：75-81.

王瑞芳，2016.精准扶贫：中国扶贫脱贫的新模式、新战略与新举措[J].当代中国史研究，23（1）：82-85.

王小林，2012.贫困标准及全球贫困状况[J].经济研究参考（55）：41-50.

魏琼，2016.恒大精准扶贫：大方县18万人脱贫可持续发展样本[N/OL].每日经济新闻，12-23.http://www.myzaker.com/article/585c04b41bc8e05119000005.

吴霓，王学男，2017.教育扶贫政策体系的政策研究[J].清华大学教育研究（3）：76-84.

吴伟，2010.完善我国社会救助制度的经济学分析[D].开封：河南大学.

夏海军，2018.安徽“十大工程”强力推进脱贫攻坚 去年扶贫开发成效考核全国第三[N/OL].安徽日报，05-13.http://www.cnr.cn/ah/tt/20180513/t20180513_524230993.shtml.

鲜祖德，王萍萍，吴伟，2016.中国农村贫困标准与贫困监测[J].统计研究，33（9）：3-12.

向德平，黄承伟，2013.中国反贫困发展报告[M].武汉：华中科技大学出版社.

肖雁，李佳临，2016.新型城镇化视角下安化县生态文明建设[J].城市学刊，37（1）：19-23.

谢卓芝，2017.中国特色扶贫开发道路的形成与发展[D].南宁：广西大学.

徐玮，2017. 扶贫小额信贷模式创新研究[D]. 无锡：江南大学.

徐勇，2015. 反贫困在行动：中国农村扶贫调查与实践[M]. 北京：中国社会科学出版社.

徐展新，2018. 让千家贫困户“灯火长明”[N/OL]. 宁波日报，01-02. http://daily.cnnb.com.cn/nbrb/html/2018-01/02/content_1090232.htm?div=-1.

许佳.2017. 国际人口贫困状况和反贫困经验及其对中国扶贫工作的启示[J]. 农业展望（12）：29-32.

闫坤，于树一，2013. 中国模式反贫困的理论框架与核心要素[J]. 华中师范大学学报（人文社会科学版）（6）：1-11.

杨秋宝，2018.2020：中国消除农村贫困——全面建成小康社会的精准扶贫、脱贫攻坚研究[M]. 北京：北京人民出版社.

易流，2018. 改革开放40年中国扶贫政策的演化与前瞻：立足国家层面政策文本的分析[J]. 西南民族大学学报（人文社会科学版）（4）：183-191.

于今，2009. 中国区域发展30年的回顾与展望[J]. 资源与人居环境（4）：21-25.

余芳东，2016. 国际贫困线和全球贫困现状[J]. 调研世界（5）：62-64.

张军扩，2008. 中国的区域政策和区域发展：回顾与前瞻[J]. 理论前沿，527（14）：10-13.

张莉，2016. 中国东西部地区扶贫协作发展研究[D]. 天津：天津大学.

张木兰，2013. 民间组织参与扶贫：提供新型模式[EB/OL].（10-29）http://www.gongyishibao.com/html/yaowen/5350.html.

张鹏程，关晓虎，2014. 武警8660部队开展扶贫工作纪实 [EB/OL].（10-17）.http://m.hexun.com/news/2014-10-17/169427779.html.

张启良，2016. 全面小康背景下的农村贫困定义及脱贫标准[J]. 统计与咨询（5）：32-34.

张全红，周强，2014. 中国多维贫困的测度及分解：1989—2009年[J]. 数量经济技术经济研究（6）：88-101.

张伟宾，汪三贵，2013. 扶贫政策、收入分配与中国农村减贫[J]. 农业经济问题（2）：66-75.

张新民，张照新，2016. 困有所助，农村减贫[M]. 北京：中国民主法治出版社.

张秀艳，潘云，2017. 贫困理论与反贫困政策研究进展[J]. 经济问题（3）：1-5.

张忠法，2017. 我国打赢脱贫攻坚战的最新研究报告[J]. 领导科学论坛（20）：23-41.

张祖平，2018. 脱贫攻坚志愿服务的成效、特点与发展思路[J]. 中国社会工作（7）：18-19.

章元，丁绎镤，2008. 一个“农业大国”的反贫困之战：中国农村扶贫政策分析[J]. 南方经济（3）：3-17.

郑宝华，陈晓未，崔红红，2013. 中国农村扶贫开发的实践与理论思考：基于云南农村扶贫开发的长期研究[M]. 北京：中国书籍出版社.

中国慈善联合会，2017.2016年度中国慈善捐助报告[M]. 北京：中国社会出版社.

《中国扶贫开发年鉴》编辑部，2017. 中国扶贫开发年鉴（2017）[M]. 北京：团结出版社.

《中国扶贫开发年鉴》编委会，2011. 中国扶贫开发年鉴（2011）[M]. 北京：中国财政经济出版社.

《中国扶贫开发年鉴》编委会，2014. 中国扶贫开发年鉴（2014）[M]. 北京：中国财政经济出版社.

《中国扶贫开发年鉴》编委会，2015. 中国扶贫开发年鉴（2015）[M]. 北京：中国财政经济出版社.

《中国扶贫开发年鉴》编委会，2016. 中国扶贫开发年鉴（2016）[M]. 北京：中国财政经济出版社 .

中国华融资产管理股份有限公司，2017. 中国华融贯彻落实脱贫攻坚战部署 履行国有金融企业社会责任[EB/OL].（10-16）.http://www.chamc.com.cn/hrxw/hrxw/2017/10/64597.shtml.

中华人民共和国国务院新闻办公室，2011. 中国农村扶贫开发的新进展[N]. 人民日报，11-17（23）.

钟慧笑，2016. 教育扶贫是最有效、最直接的精准扶贫：访中国教育学会会长钟秉林[J]. 中国民族教育（5）：22-24.

周敏慧，陶然，2016. 市场还是政府：评估中国农村减贫政策[J]. 国际经济评论（6）:63-76.

朱霞梅，2010. 反贫困的理论与实践研究[D]. 上海：复旦大学 .

左常升，2013. 世界各国减贫概要[M]. 北京：社会科学文献出版社 .

左常升，等，2016. 中国扶贫开发政策演变（2001—2015 年）[M]. 北京：社会科学文献出版社 .

左停，贺莉，等，2017. 脱贫攻坚战略中低保兜底保障问题研究[J]. 南京农业大学学报（社会科学版）(4)：28-36，156-157.

左停，徐加玉，李卓，2018. 摆脱贫困之“困”：深度贫困地区基本公共服务减贫路径[J]. 南京农业大学学报（社会科学版），18（2）：35-44，158.

Inside C,2009，The Millennium Development Goals Report 2015[J]. Agenda，23(81):155-157.

Ravallion,Martin,Chen S H,2007,China's （Uneven） Progress Against Poverty[J].Journal of Development Economics，82（1）：1-42.

W Bank，2016. Monitoring Global Poverty[J]. World Bank Publications.